スモール
エクセレント
カンパニー

「驚きと感動」を生む
梱包業界のニッチトップ

金坂良一

はじめに

中小企業の収益力低迷が続き、大企業との格差がますます広がりつつあるといわれています。経済のグローバル化が当たり前となった現代において、輸出や現地進出によって海外市場の成長の恩恵を受けやすい大企業と比べ、伸び悩む国内需要への依存度が高い中小企業は、たしかに分の悪い戦いを強いられているのかもしれません。原材料の高騰や人材不足、ＩＴ対策など問題・課題は山積みで、海外への投資になかなか足を踏み出せない企業も多いことでしょう。

私が代表取締役を務めるカネパッケージ㈱も、かつては国内で取引先一社依存型のビジネスを長らく続けていました。創業時からのコア技術である梱包技術の研鑽は怠りませんでしたが、新しい試みや事業拡大に力を入れることなく、ひたすらお得意様頼みのビジネスモデルに甘んじていたのです。私が入社した１９９７年は、当社がそんな状況から脱するために初の海外進出に乗り出した直後でした。ノウハウも知識もなく、海外経験者どころか語学力の高い人材すら皆無で、思うように業績が上がらず、進出先のフィリピンでは大赤字という状況でした。

しかし、当社の躍進はそこから始まったのです。フィリピン社の経営立て直しを命じられた私は、半年という短期間で黒字化を実現し、以後、海外事業全般を任されるようになり、中国、香港、ベトナム、タイ、インドネシアと事業を拡大していきました。それにともない当社はアジア圏に進出する多くの日系大企業との取り引きを通じてドンドン業績を伸ばし、私は２００７年に日本本社の社長に就任しました。

中小企業は、たしかに規模の論理によって大企業に圧倒的に差をつけられています。しかし、製造業にせよ非製造業にせよ、それぞれの専門分野で培ってきた独自の技術や強みがかならずあるはずです。それがどんなにニッチな分野だとしても、唯一無二のエキスパートとして、大企業とも対等に向き合う気概を持つべきだと思います。そして、そういった強みと気概を持っていれば、自然と会社は逆境に強い体質になっていきます。現に当社はアジア通貨危機もリーマンショックも乗り越え、梱包材のエキスパートとして成長を遂げることができました。と同時に、マングローブ植林などの環境改善活動や社会貢献活動も積極的に行い続けています。「大企業とは違うから、中小企業だからやらなくてもよい、できない」ということなどひとつもありません。規模の大小にこだわることなく、真のエクセレントカンパニーたることを常に心掛けていたい、それが私の信条なのです。

そして、その反対に大企業にはできないけれど、中小企業だからこそできるということはたくさんあります。たとえば、大企業の規模感ではビジネスにならないようなニッチな分野を見つけ出し、地道に育てていくというのは中小企業ならではのビジネスモデルであるはずです。それは私のモットーである「他人のできないことをやる」ということと奇しくも一致しています。私はとにかく心と心の交流を通して人を育て、ともに成長し、

「驚きと感動」を与えることを第一に掲げながら経営を貫いてきました。

「驚きと感動」のあるビジネスこそが私が目指すものであり、その思いが強かったからこそ今日の私、そしてカネパッケージは存在するのだと確信しています。そこで、本書には私が築いてきた「驚きと感動」のビジネスのエッセンスと、カネパッケージと私自身の歩みを記しました。海外進出を目指す経営者の方はもちろん、日本の中小企業で働くすべての人にとって、有益な助言の書となることができたら、こんなに嬉しいことはありません。

第3章

現在のカネパッケージの人と心をつくった海外進出

第4章

経営者の感性

第1章　「驚きと感動」の経営の原点

カネパッケージの武器は、なんといってもコア技術である高度な梱包技術とノウハウ、そしてそれを身軽に駆使し、顧客の要望に柔軟に対応するためのファブレスなビジネスモデルにあります。その詳細については第2章以降で説明するとして、まずは私自身の経営スタイルの原点を紹介したいと思います。

もっとも大事なのは「驚きと感動」

製造業・非製造業の別、規模の大小に関わらず、どのような業種の企業においても、経営上もっとも大事な要素は「驚きと感動」である、というのが私の持論です。

たとえば、フィリピン駐在時にこんなことがありました。某大企業の方から「パレットが割れて壊れてしまった。なんとかしてほしい」と緊急の電話がかかってきたのです。パレットというのは、段ボール箱などの小型包装貨物を集合包装する際の土台となる木製やプラスティック製の板で、多数の貨物をパレットの上に載せて積み重ね、ストレッチフィルムでその全体を巻き、バンドルをかけて固定します。このパレットを「大急ぎでつくってほしい」という依頼です。急な依頼はもちろん日常的に入るものですが、このケースでは時期が問題でした。

日付は12月23日、時計の針は午後2時半を指していました。先方にしてみれば、クリスマス商戦・年末年始商戦向けにずっと商品を出荷し続けなければならない、繁忙期直前のタイミングです。しかし、フィリピンではクリスマスイブとクリスマスが休みになるため、当方にとっては連休前のタイミングということになります。先方はもちろんそのことを承知しているものの、パレットがなければ梱包もままならず、せっかくつくった製品を出荷することができないので必死です。「なんとか明日から毎日、150パレットずつ入れてほしい」とのことでした。しかも、「一台420円の売りで対応してほしい」という要望までついてきたのです。

これは信じられない条件です。どう信じられないかというと、連休中から作業がはじまるというのもさることながら、その仕事の仕入れ・製造のコストは410円なので、一台につき10円しか儲からないわけです。「割に合わない」と丁重にお断りするのが普通かもしれません。事実、フィリピン中を探しても、このような依頼を引き受けてくれる会社は当時どこにもなかったのではないでしょうか。

しかし、私は「できない」と言うのがなにより嫌いな性分。それに、ご縁のある方が困っているのを放っておくことはとてもできませんでした。「後で絶対にお返しするから、今はこの条件でなんとかお願いします」と頼みこまれ、言われるがままの条件で引き受けたのです。

さっそく私は割れてしまったというパレットを調べ、弱点を改善し強度を保つために設計の仕様を変更しました。そして、当社の従業員にもサプライヤー工場の従業員にも休日出勤してもらって、連日パレットをつくって納品し続けました。年が明けてからも正月の間ずっとです。結果、先方は「ありがとう、この恩は絶対にお返しします」と大喜び。そして3カ月後、その企業は1000万円の仕事を当社に発注してくれました。以後、当社は同じ仕事を毎月、3年間にわたって引き受け続けることができました。恩を恩で返してくれたのだと思います。多少無茶なことであっても、誰もしないようなことをする。それがお客様に「驚きと感動」を提供することになったのです。

このようにして「驚きと感動」を提供すること、それこそが経営者としての私の喜びであり、なによりの目標です。「驚きと感動」を届けるためならば、私は「できない」とは絶対に言いませんでしたし、逆に「他人にはできない、自分たちにしかできないこと」を実践し続けてきました。驚き、感動したお客様は、かならず「感謝の心」で応えてくれるものです。そして、自然と私たちとお客様は信頼関係で結ばれ、私たちはまた次なる「驚きと感動」を届けるために努力します。良好な信頼関係を長く維持していくには、このような「驚きと感動」と「感謝の心」のやりとりが欠かせないのではないでしょうか。

ところで、「驚きと感動」はお客様とのやりとりだけでなく、優秀な人材を育てる上でも大事な要素となります。簡単にいってしまえば「ほめてのばす」ということになりますが、実践するとなるとなかなか難しいことです。

というのは、ただ単にほめるだけで育ってくれる従業員などいないからです。どんなに大きな可能性を秘めていても、最初は右も左もわからず、できないことも多いのが普通でしょう。そんな彼らが段階を踏んで成長していけるよう、たくさんの「成功体験」を積み重ねる手助けをしてやらなければなりません。まずは小さな仕事を任せたり、一緒に同じ苦労を乗り越えたりするなかで、彼ら自身に「驚きと感動」を感じてもらうことが大事です。

それは何も大げさなことである必要はありません。小さな「驚きと感動」を積み重ねていけばいい、私はそう思っています。たとえば「このレポートの書き方、丁寧でとてもいいね」「元気で明るい人だと、お客様も喜んでいたよ」といった具合に、従業員のちょっとした努力に目を配り、それをきちんと言葉で伝えていくのです。そうすればごく小さなことだとしても、従業員は誰かに「驚きと感動」を伝えることの喜びを感じ、それが「成功体験」として蓄積されていきます。その積み重ねが人を成長させるのです。

実はこうした「驚きと感動」を軸とした経営スタイルは、カネパッケージ入社以前の私の半生において、少しずつ形成されたものです。本章では、私の生い立ちや体験などを振り返りながら、「驚きと感動」の意味についてもう少し詳しくお話していこうと思います。

逆境が育んだ独立心と世界への夢

私は1959年、岡山県に生まれ、中国山地の山の中で育ちました。母親は私がまだ生後5カ月の時、鉄道に飛び込んで自殺してしまいました。極度のマタニティー・ブルーだったそうです。家は貧しい農家で、思えば逆境だらけの子ども時代でした。

小学校3年生から6年生までは家計を支えるために、新聞配達のアルバイトをしなければなりませんでした。毎朝4時起きです。田舎ですから、始発の電車で新聞の束が駅に届きます。まずそれを取りに行き、雨でも雪でも自転車をこいで新聞店まで運びます。そして折り込み広告をすべての新聞に挟み、種類ごとに配達順に並べ直す作業をして、それからようやく配達に向かいます。配達が終わったらもう登校時間、すぐに身支度を整えて学校に向かい、眠い目をこすりながら授業を受ける。それが小学生のときの私の一日でした。

苦境はそれだけに留まりませんでした。父親は酒ぐせが悪く、毎晩のように後妻と夫婦喧嘩をしていました。狭い家でしたから、夜中、ふすまの向こうから怒鳴り声や激しい物音が聞こえてきて眠れません。朝起きると、母親の顔がはれ上がっていることもありました。幸い、母親はいまは元気ですが、当時はひどい状況でした。父親は世間的な体裁や実際上の必要もあって後妻を迎えたわけですが、元の妻の死をどうしたって引きずっていたのでしょうし、新しい関係になかなかうまく折り合いをつけることができなかったのだと思います。

もちろん、幼い子どもにそのような大人の事情がのみ込めるはずもありません。ひたすら恐ろしいばかりで、眠れぬ夜々にとにかく「家を出たい、独立したい」という強い思いを抱き続けました。よく「忍耐強いね」と言っていただくことがありますが、ひょっとしたらこの時期に忍耐力を培うことができたのかもしれません。

そんな日々のなか、私は『兼高かおる世界の旅』というテレビ番組と出会いました。この番組は私にとって大きな転機となりました。ジャーナリストの兼高かおるさんがディレクター、プロデューサー、レポーター、ナレーター、カメラマンなどすべての役を兼任し、世界各国を取材して回る紀行番組で、ちょうど私が生まれた１９５９年に始まり、30年以上も続きました。いまでこそ世界の観光地や人、日常生活、イベントなどを紹介するテレビ番組や雑誌は溢れかえっていますし、情報だけならインターネットでいくらでも検索することができますが、当時、岡山の山の中しか知らない少年の私にとって、広大な外の世界のことを教えてくれるコンテンツはこの番組だけでした。パプワニューギニア、アフリカ、ニューヨーク、ロンドン、とさまざまな異国の風物が映る白黒テレビに、私は夢中になりました。かならず毎週かじりつくようにテレビを観ました。この番組が私の独立心の炎を煽りたて、ますます燃え上がらせたといっていいでしょう。「家を出たい」という気持ちが「世界に出たい」という夢に広がっていったのです。

幼い私にとって、貧乏や父の家庭内暴力、毎朝の新聞配達などはとても辛い体験でした。あまり思い出したくもないようなこともたくさんあります。ですが、そのような逆境にあったからこそ、「世界に出たい」という大きく、強い夢を持つことができたのだと思います。

「白鳥の精神」を実践した中学時代

学生の頃の私はいわゆる肥満児でした。心のなかで「世界に出たい」という夢を育てながらも、肥満した自分の体形が恥ずかしくて劣等感にさいなまれています。そのせいか、友人も少なかったように思います。そんな私のなかで何かが変わり始めたのは、中学に上がり、ふとしたキッカケで陸上部に入った頃のことです。

忍耐強さには自信があったので、陸上競技にはピッタリだったのでしょう。一生懸命練習に励んでいると、自然と体形がスリムになっていったのです。これは本当に嬉しい変化でした。それどころかだんだんと足も速くなり、中学卒業時には50メートル6秒台で学年一番の座を獲得しました。

やればやるほど成果が上がる、という当たり前のことに気づいた私は、勉学においても努力を始めました。陸上での成功体験が、コンプレックスにさいなまれていた私を目覚めさせてくれたのです。

部活で疲れ果てて帰宅したら、夕飯を食べるなりすぐに眠り、夜9時にこっそり起きて、家族にも何も言わずに朝3時までずっと勉強する、というスケジュールを毎日繰り返しました。当然、成績はみるみる上がり、一方では学校の休み時間にしこたま遊んだので、友達もたくさんできました。皆、「あいつはあんなに遊んでいるのに、なぜ成績がよいのだろうか」と思っていたかもしれませんが、理由は至極単純、努力したにすぎません。つまり、白鳥と同じことなのです。一見すると優雅に、心地よさそうに水面を滑っているように見えて、水面下では必死で足を動かし、水をかいていたわけです。

幼少時に身につけた独立心や忍耐力、負けず嫌いな性分がいかんなく発揮され、「やればできる」ことを学び、努力の必要性を学んだ中学時代でした。

もちろん、辛いこともたくさんありました。たとえば、皆が遊んでいる春休みには毎日農作業の手伝いをしなければなりませんでした。私が主に手伝っていたのは、牛糞堆肥を竹籠で運ぶ作業です。重くて臭い竹籠を背負って歩いていると、しだいに堆肥で竹が濡れ、背中にまで匂いがしみ込んでしまいます。洗っても洗っても匂いがとれず、休み明けの学校ではそれが気になって仕方ありませんでした。

しかし、当時の農家にとってこれはとても大事な仕事でした。この仕事をしなければ田んぼで米をつくることができません。我慢してやっていればいつかかならずよいことがあるはずだ、と信じて辛くてもやり通しました。こういった経験も私の忍耐力を育んでくれたように思います。

高校進学を機に一人立ち、そして経営感覚と教育術を鍛えた大学時代

がんばって勉学に励んだかいあって、高校進学を機に親元を離れることができました。当時は公立高に越境入学という制度があって、各校5パーセントの枠を設けて優秀な生徒を地方からとっていたのです。私はある高校に合格することができ、家を出て一人下宿を始めました。子どもの頃からの悲願だったので、本当にうれしかったですね。

その後、大学に進学したわけですが、大学時代の経験が私をさらに成長させてくれました。大学時代、私は4年間塾講師を務めたのですが、そこにこそ「驚きと感動」の経営の原点があるように思うのです。

塾といっても、ただ担当教科を生徒に教えるだけでなく、担任制、つまり数十人の生徒を一人の教師が受け持つという、当時としても珍しい形態の塾でした。小学6年生のクラスの担任となれば卒業式関連のイベントなどの準備が必要だし、修学旅行や合宿も実施していました。夏合宿では教師がカレーや豚汁をつくって生徒と一緒に食事をとり、最終日の夜にはお墓で肝試しまでやりました。

学期初めには保護者会を開いて学習方針と学習計画を説明し、学期末には一人ひとりの生徒につき詳細な成績表を作成した上で両親を呼んでの個別面談を行いました。なんと家庭訪問まであったのです。まだ20歳そこそこの若造が生徒のご両親に「生活と勉強のリズム」についてアドバイスするなんて、いまから思えばおこがましいような気もしますが、お金をもらって子どもたちを預かっているわけですし、ご両親にしてみれば、面談などは仕事帰りに夕飯も食べずに、あるいは貴重な休日の時間を割いて塾へ足を運ぶことになるわけです。こちらも言いっぱなし教えっぱなしにするのではなく、責任をもって当時の公立学校以上の教育を実践する気構えで臨んでいました。

そんな思いが子どもたちに伝わったのかもしれません。しだいに子どもたちは私を慕ってくれるようになり、それにともないご両親の信頼も得ることができるようになりました。学業以外の部分でも、親に反抗して家出してきてしまった子の面倒をみたり、親子喧嘩やご両親の夫婦喧嘩の仲裁をしたことまでありました。

気づけば大学4年生の時には、私は130人もの生徒を受け持つ担任教師となっていました。人の期待に応えたい、「驚きと感動」を届けたい、と強く感じるようになったのはこの頃のことです。多くの生徒やご両親の期待を上回るような教育を目指そうとしたことが、自然と「驚きと感動」を届け続けることになったのです。その結果、なんと地元の中学校の卒業式に「地域社会における教育への貢献」が認められ、来賓として呼ばれるまでになってしまいました。おそらく、教え子のご父兄の誰かが私のことを学校側に伝えてくれたのだと思います。私の努力が、地域の人たちの「感謝の心」となって返ってきたことに、とても感動したのをよく覚えています。

また、塾の場合は公立学校とは違って経営上のさまざまな工夫が求められます。特に大事なのが人集めで、私も毎朝7時くらいに学校の校門前で子どもたちにビラをまいたり、夏休みなどは商店街へ出かけてお母さんたちに営業をかけたりしました。塾の授業が夜9時頃に終わった後は、先生たちと一緒に毎晩ミーティングも行っていました。受験の過去問から出題傾向などを予測して、みずから模擬試験をつくるのも骨の折れる仕事でした。今から思えば、これらの作業は企業が海外進出の際に行うマーケティングやリサーチとそっくりです。市場の動向を予測し、何が求められているのかを導き出すという重要な作業を、私は知らず知らずのうちに日々学び、実践していたのです。

他のアルバイト講師たちが1年か2年くらいで辞めていくなか、私は大学在学中の4年間、塾講師をずっと続けました。最終的には大卒の初任給が12万円程度という時代に、手取りで25万円もいただけるようになっていました。さらに模擬試験作成などに手当がつくので、実際にはもっともらっていました。そのままその塾に就職するという道もあったのですが、私はあえてそれを蹴ってゼロから就職活動を始めました。塾講師を続ければ安定した収入は確保できますが、ある意味、特殊で偏った職種に落ち着いてしまってよいのか、一般的な会社勤めを経験しなくてよいのか、と思ったのです。そして、そこにはなにより「世界へ出たい」という夢を実現するには、別の仕事に就く必要があるという思いもありました。

製品流通、営業、設計、経理と様々な職種を経験

塾講師をやめて社会人経験を積もうという思いが芽生えたのは、卒業直前の1月か2月くらいの時期のことです。幸い、縁あって3月に就職先が決まりました。大手電気メーカー系列の商社で、従業員は当時約３００人、年商約３００億円の中堅クラスの会社です。その系列ではだいたいそうなのですが、私が入った会社も社員教育に力を入れており、社内・社外研修やメーカーとの人事交流が盛んで、特に新入社員は数年間メーカー工場に出向させるという規則がありました。

私の場合もまず名古屋の製作所に出向して3カ月間、放電加工機やレーザー加工機などの組み立てや完成品の性能チェック作業などに携わりました。代理店向けの説明や新商品のプロモーション、フェアの企画なども担当し、代理店や特約小売店との商談を交通整理するコツ、商品がどのように市場へ流れていくかということなどを学びました。

その後、本社に戻ってとにかく製品を売って歩くなかで、「機械だけでなく、君の能力

がほしい」と言ってくれたお客様がいて、いわゆるヘッドハンティングの形で自動車のエンジン部品を製造しているA社に転職したのです。

最初に配属された先は工場での設計・技術部門でした。それまでとはまったくの畑違いでしたが、まずは自分たちが取り扱っている製品の基本を実地で学ばなければいけないということで、部品や金型の設計とそれらを流すラインの設計を行いました。ちょうどその頃、1980年代半ば頃にCAD／CAMシステムがさまざまな業界で用いられ始めていて、3次元空間上に針金細工のように線で物体の形状を描くCADと、それをもとにして制御データをつくり出すCAMが、自動車部品業界にも変革をもたらしていました。A社は他社に先駆けて同システムを導入していたので、私は試行錯誤しつつ最先端技術を学ぶことができました。2次元の図面を3次元にイメージする力を養ったのはこの頃のことです。

図面から実際の製品をつくるには、熱による変形や抜き勾配（成型した鋳物を金型から抜き取る際、抵抗がかからないよう金型の内径をやや広めにとること）などの具合によって微妙な調整が必要となります。設計とは、そうした人間の目には捉えられない変化を常に念頭に置かなければできない仕事なのです。日々、それまでに経験したことのない作業の連続でしたが、もともと子どもの頃からモノづくりは大好きだったので、特に苦にはなりませんでした。というより家が貧しかったので、自分の遊び道具は自分の手でつくるしかなかったのです。刀や卓球台にラケット、川に手作りのイカダを浮かべて転覆して大騒ぎになったことなどもありました。頭のなかで考えたものを具現化していく作業へのワクワク感は、子どもの頃から現在に至るまで変わらない、私の基本的欲求といえるかもしれません。おかげで、私はA社でも想像力を働かせて2次元と3次元の間を行ったり来たりしながら設計・製造に取り組むことができました。

設計の仕事に慣れた頃、さらに未知の体験が私を待ちうけていました。ある時、東京の本社で経理部長が心筋梗塞で倒れてしまい、急きょ彼の代わりが必要になったのです。「できない」と言うのが何より嫌いな私は、まったくの経理未経験者であったにもかかわらず、すかさず手をあげました。会社としても願ったり叶ったりだったようで、月曜日から水曜日は本社で経理業務をこなし、木曜日から土曜日は工場で設計をする、という生活が数年間続くことになりました。当時、A社ではまだ便利な会計ソフトなど導入していませんでしたから、手で紙の伝票を仕訳け、電卓を駆使して試算表をつくっていました。これがなかなか大変な作業で、元の経理部長が復帰してきた後、私の主導で会計ソフトを導入し、システムを立ち上げました。

こうして振り返ってみると、設計・製造から流通、販売、広報、経理まで、社会人になってわずか数年間で、私は実に多岐にわたる業務に携わることができました。異なる仕事を担当するたびに猛勉強しないと周りに追いつくことができないし、会社に貢献することもできません。しかし、私はすでに塾講師時代に「驚きと感動」を与え続けることが、周囲の喜びにもつながるし、自分自身の成長につながることを知っていたので、何ひとつ迷いはありませんでした。事実、会社は私の仕事ぶりをしっかりと評価してくれましたし、当時の経験はその後、海外で生産工場を立ち上げ、物流システムを構築する上で非常に役に立つことになりました。

アメリカで会社設立を経験、マネジメントを一から学ぶ

１９８６年頃、自動車メーカーのアメリカでのサプライヤーとして、A社も顧客追従型の進出を視野に入れて現地視察をすることになりました。私はここで思わぬチャンスを手に入れました。そのきっかけは、ある日社長のもとに届いた現地でのイベントの招待状でした。これを私が辞書片手に訳したことで、「お前英語できるのか」と社長に言われ、幹部視察のお供をすることになったのです。実は当時の私の英語力はけっして高いわけではなく、どうにか文章が書けたり読めたりする程度だったのですが、この時も迷わず積極的に挑戦してみることにしました。すると、アメリカで社長が私のことを気にいってくださり、そのままアメリカ進出の責任者に任じられたのです。

さまざまな業務を現場で経験してきたとはいえ、当時の私はまだ27歳。マネジメントのマの字も知りませんでした。先を見据えて経営方針を定め、お客様と交渉しながらビジネスを動かしていくのは初めてでした。だから、第一歩として事業計画書をつくるの

にも苦労しました。本社の上司が現地に指導に来てくれたりして、なんとか形にすることができたくらいです。

青山一丁目にある自動車メーカーの役員室でプレゼンをし、ついに現地に新工場を立ち上げたのは1987年のことです。現地の人を採用したり、地元政府とさまざまな交渉をしたりと、後にカネパッケージの海外進出の際になくてはならない経験を、この時にたくさん積むことができました。

まずたいへんだったのが土地探しです。当時のアメリカは不景気で、ちょうど86年にレーガンが大規模な税制改革を行ったばかりの時期でした。基本的に日本企業の誘致にはどの州も熱心だったのですが、それぞれの州・都市ごとに優遇税制が違ったので、それぞれの土地の日本事務所の方と連絡をとって状況を聞いた上で、合計23カ所の候補地を回りました。最終的にオハイオ州のコロンバスとシンシナティの中間あたりの人口1500人ほどの田舎町に決定しました。

土地が決まって工場を建てたら、次は日本から機械設備の運搬です。これが大がかりで、120トン、180トンといった重量のプレスの機械を20トンごとに分割して船で日本から運んだのです。港から引き揚げたら今度はトラックに積んで、何台も連ねてパトカーで先導までして運ばなければなりませんでした。

アメリカ人との交流がビジネスを支えてくれた

こうしていよいよ工場が動き出したわけですが、振り返ってみると、一番たいへんでかつ一番ビジネスの助けになったのは現地の人々とのコミュニケーションでした。なにしろ当初、私は英語をろくに話せず、聞き取れず、テレビのニュースが理解できるようになってきたのは半年くらい経った頃からです。また、当時はその町に住む日本人がとても珍しく、古い町なのでなかにはアンチジャパンを掲げる人もいました。そのため、地元の人たちとのコミュニケーションにはかなり気をつけましたが、周囲の人たちの協力もあって比較的早い段階で地元の人たちと馴染むことができました。

たとえば駐在生活が始まって早々、金曜の夜に地元ハイスクールのフットボール試合があるということで、その手伝いに駆り出されたことがありました。田舎町では一大イベントです。そこで私は屋台のポップコーンづくりを任されたのですが、「髪の黒い謎の日系人がポップコーンを売ってる」ということで皆面白がって私を見にやって来たのです。それで気づいたのですが、この役を与えられたのは実は新参者の私の顔を広めるための気配りであり、アメリカ流のコミュニケーションの取り方、人と人との関係をつくり上げる手段だったのです。

これ以降、私は現地の人たちとビジネス以外の場面で、プライベートな付き合いも重ねるよう心掛けました。バーベキューをしたり釣りへ行ったり、駐在している日本人だけでかたまったりせず、現地の人たちと積極的に心の交流をしたのです。

親しくなったことで、結果的にビジネス上でも私の存在を受け入れてくれるということが何度もありました。日本人は情に流されやすく欧米人はビジネスライクだ、というような見方があります。大筋では当たっていると思いますが、ただビジネスライクだから非情かというとそれは違います。フェアな取り引きを心掛けると同時に、〝ナイス・トゥ・ピープル〟——人によくしよう、という精神も大事にするのが、アメリカ流のやり方だということを肌で学ぶことができたのです。

もちろん実際の現場では幾多の困難がありました。たとえば毎月の使い込みが発覚した工場長を解雇したり、麻薬常習犯と知らずに雇ってしまった人のため、法律に従って会社で更生のための資金を払わなければならなかったりと、人材面で苦労した体験は山ほどありました。しかし、それを差し引いても基本的には人間関係がビジネス面でプラスに働くことの方が多かったように思います。

ひとつ例をあげておきましょう。親しくなったオハイオ州出身者の国会議員の方が、「何か困ったことがあったら何でも相談してくれ」と言ってくれたので、それを言葉どおりに受け取り、ＥＰＡ※（特定原産地証明書）申請が後手に回って困っていた時に彼に電話したんです。すると「任せてください」と言ってくれて、翌週の月曜日には申請があっさり通りました。「一企業の駐在員にこのような計らいをしてくれるアメリカ人って、すごい」と思いました。と同時に、立派な人たちこそ、ナイス・トゥ・ピープルを実践しているのだと感じました。マニュアルではなく、人間として大切なことを彼らは重視しながら、行動しているのだと思います。

このようにＡ社でのアメリカ駐在中は本当にいろいろなことがありましたが、28歳

※環境負荷物質の排出規制に伴う届け出申請

という固定観念がまだできあがっていない好奇心旺盛な時期に、アメリカの自由な風土のなかで多彩な経験を積むことができたのは本当によかったと思います。5年間の駐在生活を終えて帰国すると、傘下・系列といった閉鎖的な考え方が支配的な日本流のビジネスに違和感を覚えたり、アメリカでは責任者として広く決算権を持っていたのに日本では一部門長に収まって肩身の狭い思いを強いられたりと、窮屈な思いをするようになりました。そして、それが高じて転職を考えるようになっていきました。そんななか私が出会ったのが、カネパッケージという会社だったのです。

まとめ

本章では、カネパッケージ入社以前の私の半生をふり返りました。逆境のなかで、忍耐力と独立心、「世界に出たい」という思いを育て、「やればできる」「できないは絶対に言わない」というモットーを確立し、白鳥のように水面下で努力し続けた少年時代。

そして私は大学生の時に塾講師の経験を通して、人の期待に「驚きと感動」によって応える喜びを知り、以来、実践し続けるようになりました。社会人になってからも「驚きと感動」を忘れずに仕事に打ち込んだ結果、国内外での仕事を通して経営者としてのマーケティングやリサーチ力を身につけることができたのです。

第2章　カネパッケージの全容

ここでいったん、現在のカネパッケージの全容・現状についてお話したいと思います。梱包材の設計・開発から製造・販売までを手掛ける当社が、具体的にどのような業務を展開し、どのような強みを持っているのかをご紹介します。

ファブレスで柔軟性のある生産体制が強み

カネパッケージは梱包材の設計・開発から製造・販売までを手掛ける企業です。埼玉県入間市に本社を置き、フィリピンのホールディング会社を拠点として、アジア圏に進出する日系企業向けに広く梱包材事業を展開しています。梱包対象の商品は主に産業用が多く、パソコンやそれに付随するHDドライブ、プリンター、デジタルカメラなどを数多く包んできました。医療機器も取り扱っていますし、珍しいところでは月周回衛星「かぐや」に搭載した特殊分析器なども梱包しました。基本的には一般の目に触れない商品の方が梱包のニーズがあります。普通にお店で売られているような商品は単価も安く、誰でも梱包できますが、産業用機器など高価で高精細な商品の梱包には高い技術

カネパッケージの事業形態

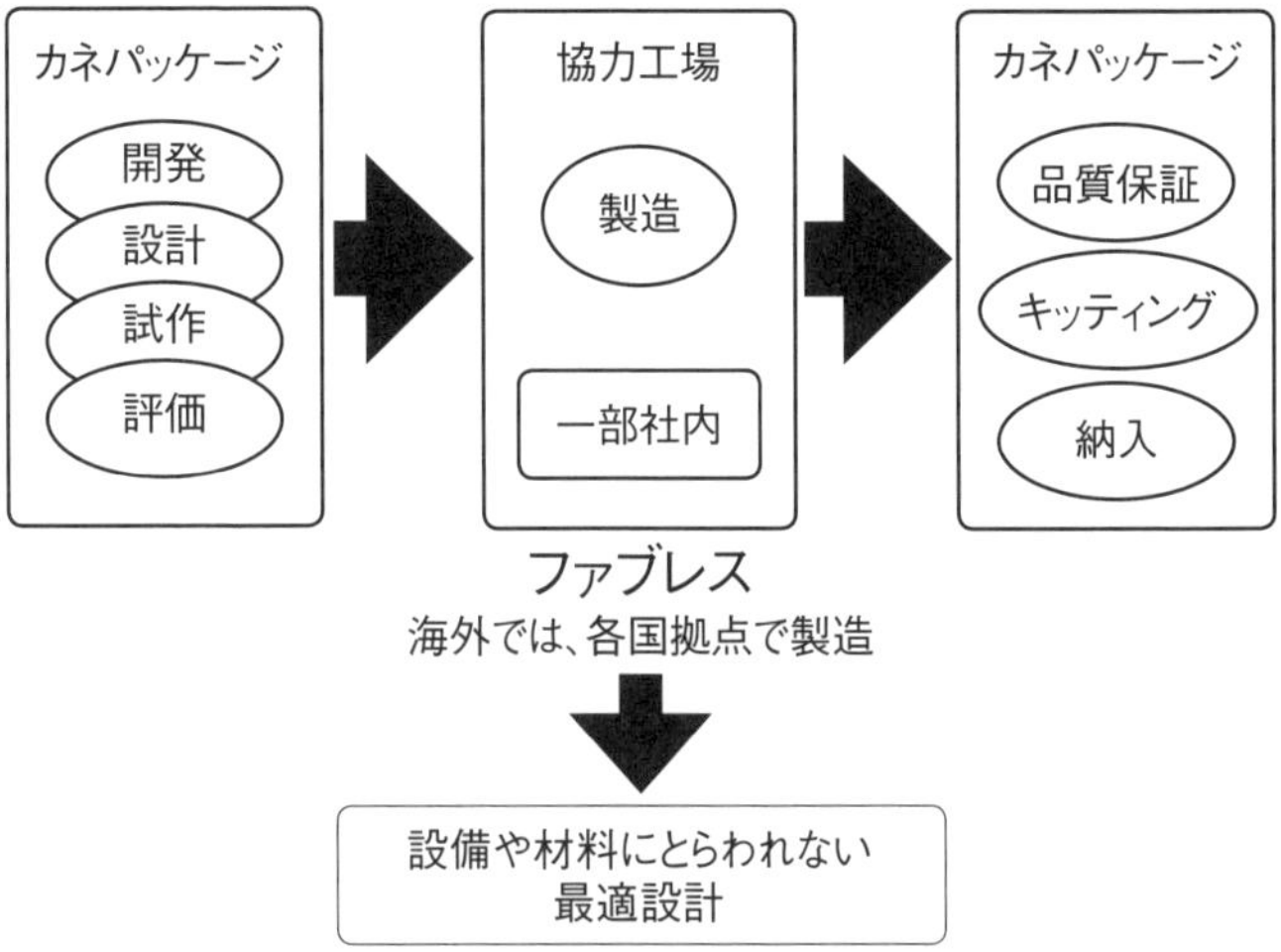

が必要なのです。

事業形態としては、基本的には開発・設計・試作・評価を本社内で行い、製造・生産は協力工場で行います。完成した製品を当社が品質保証した上で、キッティングして納入するスタイルです。なにより大きな特徴はファブレスなビジネスモデルを採用していること、つまり製造設備を持っていない点でしょう。この特徴を、私たちは梱包材業界における強みだと考えています。なぜなら、材料や設備にとらわれることなく最適な設計を提案できるからです。設備を所有していると、どうしてもそれを稼働させ続けるために製品を提案することが多くなってしまうのです。

たとえば、ここ数年来の業界のトレンドは、なるべく環境に優しい梱包材をつくる方向へとシフトし続けていますが、もし当社が発泡スチロールの製造機を所有していたとして、それを動かせば時流と逆行することになってしまいます。また、全体的に需要が減少している発泡スチロールをつくろうとすれば、減っている仕事を他社と取り合うことになり、過当競争で製品単価がドンドン下がっていくという悪循環に陥ってしまうでしょう。まさに自動車部品の世界がそうです。しかし私たちの場合は製造設備を持っていないので、そうはなりません。どんな素材を使ってもいいのです。樹脂が必要なのか、紙なのか、それともエコマテリアルでいくか、フィルムがいいのか、それぞれの素材を自在に組み合わせることもできます。材料や設備にとらわれずに梱包対象の商品に最適な設計提案を行う、というのが当社の創業以来のビジネスモデルなのです。

提案のためには、これから先梱包されるであろうさまざまな商品が、どのように変化していくか、どのような梱包・緩衝設計が求められることになるのかを予想しなければなりません。さらに、業界全体の梱包材の仕様のトレンド、仕組みがどのように変わっていくかということも考える必要があります。その上で最適な提案を行っている当社は、依頼通りの仕様のものを自社設備で製造する多くの梱包材の会社とは一線を画しているといえるでしょう。カネパッケージは常にパッケージのトレンドを創造するべく進化し続けているのです。

独自の社会貢献活動、環境改善活動を展開

当社は梱包材を通じた環境改善活動も熱心に行っています。徹底した軽量化とダウンサイジング、省資源化を追求するのはそのためです。コア技術である梱包・緩衝技術を駆使して、いかにコンパクトで、積載効率を上げるか、日々試行錯誤を繰り返しています。その背景には、「梱包材は環境に悪影響を与える」というイメージをクリーンなものに変革していきたいという思いがあります。この思いは全社員で共有しており、梱包材の開発以外の面でも、社内では環境を守るための細かな工夫を行っています。たとえば、社員が主体的に行った社内節電では、約30万円の経費削減に成功した年もありまし

た。

海外の展開先でのCSRにも力を入れています。すべての国でISOを取得するのはもちろん、世界でもっとも厳しいといわれる化学物質に対する欧州規制にも対応したクリーンな作業環境の整備や環境改善活動に取り組んでいます。また、2008年に開始したマングローブ植林活動もその代表例です。売り上げの一部をフィリピンのマングローブ植林活動資金、もしくは植林活動費用に充て（寄付ではなく、当社独自で活動）、年間100万本の植林を実施、二酸化炭素の削減に貢献してきました。いまその本数は1180万本（2019年4月現在）に達していますし、当社のお客様のなかにはこうした活動を高く評価してくださる方がたくさんいます。この活動については追って詳細をお伝えしたいと思います。

業界特有の縦割構造から逸脱することで差別化をはかる

当社のコア技術である梱包・緩衝技術についてご紹介しましょう。当社の開発・設計部隊はあらゆる素材に精通し、さまざまなスタイルの梱包材を提案することのできる技術とノウハウを有しています。これはかなり特殊な技能が求められる仕事です。基本的には力学のノウハウがもっとも重視される分野ですが、大学では「物理」の授業はあっても「梱包材」の授業などありません。しかも、力学の理論を学ぶことと、実際の素材を扱って製品を創造することとはまったく意味が異なりますので、具体的な仕事はすべて会社に入ってから勉強していくことになります。

梱包業界全体を見渡してみると、ダンボールなら紙パルプ業界の王子製紙、レンゴー、北越製紙、発泡系素材では積水化学やカネカといった具合に各素材ごとに材料メーカーの大手がいて、その下にやはり各素材を専門に取り扱う製造メーカーや加工業者などの下請けがぶらさがっているという縦割構造となっています。

そのなかで、ファブレスかつあらゆる素材への対応力で縦横自在に動き回れるのがカネパッケージの最大の強みです。これはきわめて珍しいパターンといえるでしょう。もともとの出発点は1970年代に発泡スチロールやポリプロピレン、ポリエチレンといった材料をカネカが開発した際に、その販路や緩衝材としての応用法などを当社が提案したことです。当時は自前で十分な設備を揃えるだけの資金がなかったという理由もありましたが、同時にそこには提案力やアイデアで勝負しよう、最適なものを提案してやろうという気概と自信があったことも確かです。

多様性溢れる梱包材の種類

当社では主に梱包のキモである緩衝材と箱を開発・設計・製造しています。実際には製品を包むビニール袋や複数の段ボール箱を積み上げる土台のパレット、パレットとパレットの間に敷く敷物など、いろいろな細かな関連用品も取り扱っています。緩衝材ひとつとっても発泡スチロール、ポリプロピレン、ポリエチレンなどの発泡系の他、真空トレイも緩衝材になりますし、パルプモール（昔の卵パックの素材）、ウレタンフォーム、さらに帯電防止など特殊な付加機能のあるものまで多岐にわたります。

その膨大な種類の素材をいかに組み合わせて、お客様のご要望に沿った最適なパッケージデザインを構築するか、ということを日々設計者たちは考えるわけです。包む商品

カネパッケージが手掛ける多種多様な梱包材

はどの程度の衝撃に耐えられるのか、耐性を確保した上でどの程度コンパクトな梱包にできるかといった具合にです。

こうした問題は細かいようで、実はとても重要です。コンパクトであればあるほどゴミが少なくて済みますし、輸送効率も上がりますから。従来品だと一台のパレットに20個の箱しか載せられなかったのに、緩衝設計を変えれば24個入る、それは1円でも生産時のコストを下げたいと考えるメーカーにとってはきわめて喜ばしいことなのです。また、たとえば梱包材の重さを1キロから500グラムに減らすと、ものを運ぶのに使われるエネルギーが少量で済み、

CO_2排出量を減らすことができます。そういったダウンサイジングやコスト削減などを実現する方法を考えたりするのも、設計部隊の仕事です。どのような素材を使ってどのような形にして、どのような積み方をすればよいのか。ひと言で梱包といっても、その可能性はまさに無限に広がっているのです。

とりわけ最近では、環境への配慮から化石燃料をあまり使わないかわりに、紙緩衝が注目されるようになってきました。もともとは複数の板や筒などのパーツを組み合わせて一つの緩衝材をつくる、というやり方が主流でしたが、いまでは一枚の紙から箱をつくることが当たり前になっています。これにはとても複雑な設計が必要で、金型などをつくって量産したり、折り工程を自動化したりすることは不可能です。折りやすいようにどこに筋を入れるか、どの方向にどの順番で折っていくのか、そのあたりを計算しながら設計しなければなりません。ある程度大きなシートから取るのであればどうにでもなるのですが、より省資源化を、効率化を、と考えていくとさらに高いレベルが求められます。

また、紙だけですべてがうまくいくとも限りません。どうしてもコストが高くなってしまうし、紙は湿気を吸うと再現性がなくなり、強度も緩衝能力も劣化してしまいます。臨機応変に、他の素材を提案したり、組み合わせたりしなければなりません。発泡スチロールには発泡スチロールの、オレフィンにはオレフィンのよさがあるのです。

たとえば精細でかなり振動に弱い、ＨＤドライブなどの商品は、紙ではなくポリプロピレンで緩衝材をつくります。発泡スチロールでも、内部に40～50倍空気が入っているので、クッションしながら、最悪それが割れることで力を逃がして中身を守ることができるのですが、割れてしまったらそれ以降は緩衝能力はゼロになってしまいます。そのため、輸送される過程で何度も積み下ろしされるもの、かつデリケートで高級なものを海外に出荷する場合などは、発泡スチロールではなく、発泡ポリエチレンやポリプロピレンを使うのです。これらの場合、複数回の衝撃に対して、ほぼ同じ緩衝能力を発揮することができます。4～5回の衝撃までは最初の緩衝能力を維持し、6回目くらいから80パーセントに劣化します。

このように特性がまったく異なる素材すべてに精通し、それぞれを適材適所に使い分けることができる態勢が、当社にはあるのです。梱包一筋にファブレスな生産体制で取り組んできた成果だと思います。

カネパッケージの技術が詰まった「世界最軽量の緩衝材」

もう少し詳しく、当社の梱包材の技術例をいくつか紹介していきたいと思います。主力は、徹底したダウンサイジングと省資源化、コスト削減を達成した「世界最軽量の緩衝材」です。発泡ポリプロピレン製で、2・5インチのHDドライブを50台収めることができます。同量収納可能で同じ緩衝能力を有する従来型から、なんとほぼ半分の体積にまで縮小することに成功しました。物流コストもCO2排出量もほぼ半分、製造コストも3割減となっています。

なぜそれが可能だったかというと、もっとも重要な技術改良ポイントは接地面にあります。輸送の際に加わる衝撃による反発力を、たくさんの襞によって分散させる方法を採用したのです。衝撃を受けた瞬間に襞が押し広げられて接地面全体が広がるので、衝撃が弱まりブレーキがかかります。このように接地面を改良し、従来は40ミリの厚さでつくられていた構造部分を12〜15ミリまで薄くしたことによって、以上の仕様を実現したのです。２０１０年に開発し、厳しい落下試験や振動試験、環境負荷試験などをパスし、フィリピン、タイ、中国、日本４カ国の商権を同時に取ることができました。まさに当社のコア技術である緩衝設計の結晶といえるような製品です。

　２００メートル上空から地面に落下させても中の生卵が割れない「エッグドロップ」という梱包材をつくったこともあります。キッカケは新人の研修課題でした。最初は４メートルの高さから始めたのですが、従業員が「ぜひやれるところまでやってみたい」というので、会社の屋上から、高層マンションからと、実験はドンドンエスカレートしていきました。最後にはヘリコプターをチャーターして、１００、１５０、２００メートルと高度を上げていきました。それ以上の高度を試すことはできなかったのですが、実際には５００メートルでも生卵は割れなかったのかもしれません。

　このようなユニークな実験は、やはり特定の素材や製造設備に縛られないところから生まれてくる自由な発想に支えられているのだと思います。また、私は基本的には、従業員の挑戦にはダメとは言いません。逆に「なんでもやってみてくれ」と焚きつけるく

ヘリコプターをチャーター

エッグドロップとともに上空へ

上空からの景色

エッグドロップ

らいです。従業員一人ひとりが頭をひねって苦心の作品をつくり、実に楽しそうに競い合って実験する。それが結果的に当社の技術を確実に進展させているのですから、こんなに素晴らしいことはありません。

メーカーのニーズを汲み取った独自性の高い一点モノ

当社の場合、ある程度の定番商品や雛形はあるものの、製品の多くは一点モノです。メーカーの要望に沿って、うちが提案して仕様をつくるという形がもっとも一般的な業務の流れになっているからです。大手の場合は具体的に仕様の指定がくる場合もありますが、中小企業の場合は「これを包みたいのだけど、どうすればよいだろうか」と相談がある場合の方が圧倒的に多いのです。

梱包材の仕様は、基本的に梱包対象の製品ができあがってから、あるいは早くてもある程度は開発が進んでからでないと決められません。製品の最終的なサイズはもちろん、重心がどこにあるか、表面にどのような素材を使っているかによっても梱包の仕方が変わってくるからです。

しかし、メーカーは完成した商品を一刻も早く市場に出したいので、梱包材の開発のための時間は短くなります。さらに発売時期は前もって決まっているので、製品の開発が遅れれば、梱包材の開発期間にしわ寄せがきてしまうのです。1週間から2週間程度と依頼されることもあるくらいです。そのため、製品の仕様がフィックスしている場合は製品の開発途中に話がくることもあります。開発担当者の方と一緒に、製品をどう包むかを話し合いながら梱包材の設計も進めていくわけです。このようなケースの場合だと特にあらゆる素材に身軽に対応できるスタイルは有利に働きます。メーカーと二人三脚で梱包材の開発に取り組んだ結果、最終的に共同で梱包材の特許申請をしたこともあるほどです。

お客様からの依頼を待つだけではなく、日々挑戦と提案も繰り返しています。たとえば最近、発泡材の箱の新製品を開発しました。梱包材のなかではダンボールがもっとも重量があり、一方でもっとも軽いのが発泡材です。この軽さを生かしつつ必要な強度も得るために、発泡倍率を低くすることで段ボールを使用しないボックスレス梱包を実現しました。箱同士をかみ合わせてブロック状にして、それを積み重ねるスタイルの梱包材です。フタにわざとコブをつけて、底にはヘコミをつけてかみ合わせるようにしました。横の箱ともギザギザでかみ合ってズレないようになっており、これらをパレットに積んでいくとそれらがひとつの巨大なブロックになるわけです。こうすれば、軽い発泡材でもずれにくいし、すべてがかみあっているので泥棒に手が出せないというメリットも出てきます。盗まれないというのは、海外においては特に大きなメリットになります。

開発したばかりで採用はいまのところどこもない状況ですが、正しくＰＲしていけばかならず声はかかると思います。重量を削りたいというニーズは常にありますし、パレット上の積荷の内側の箱だけを抜き取って外側を何事もなかったように元に戻す「中抜き泥棒」がアジア圏では問題となっていますから。

こういった時流やニーズを捉えた新製品を考え、提案するのは楽しいことです。梱包材会社というと、どうしても製品ありきの下請け業者、川下の産業というイメージを持たれてしまうことが多いのですが、依頼がきてから動くだけではなくて、新たなニーズに備えてあらかじめ仕掛けをしておくことはとても大事ですし、それこそが梱包材メーカーである私たちの仕事だと考えています。私たちは梱包業界のエキスパートとして、常に先駆者でありたいと思っています。「うちでもできますよ」という仕事ではなく、「うちならばできますよ」という仕事を自ら創造し続けているのです。

トレンドやムードに安易に乗らず、顧客ニーズを探し続ける

もちろん、市場の動向を予測し、時流を捉え、新たなニーズを掴むのは難しいことです。たとえば一時期、生分解性緩衝材という土中で水と二酸化炭素に生分解され肥やしとなるエコ緩衝材が流行りました。トウモロコシやコーンポールなどを素材とするもので、植物（澱粉）なので焼却しても有害ガスが発生せず、生ゴミ同様の処分も可能とあってもてはやされましたが、あっという間にすたれてしまいました。

その理由はシンプルです。自然に優しく土に還るというと聞こえはいいですが、コストがまったく合わなかったのです。実際に土に還るまでに1年間以上かかる場合もあって、日々大量に発生する緩衝材を埋めておく手間やスペースを考えると、とても効率が

よいとはいえません。また、生分解性素材は他の素材に比べてどうしても賞味期限が早いので、その点でも梱包材・緩衝材には不向きでした。酸素やバクテリア、湿気によって勝手に分解が始まってしまうので、3カ月ともたないのです。流通の過程において、製品がどこの倉庫でどの程度滞留してしまうかは予測のつかない部分もあるので、途中で緩衝能力が劣化してしまうかもしれないものを緩衝材として使うのはリスクが高すぎます。メーカーからすれば一番大事なのは製品の保障ですから、それができないのであれば環境保護どころではなくなってしまうわけです。

生分解性緩衝材の失敗は私たちにいろいろなことを示唆してくれます。エコロジー志向をはじめ、世の中には次々と新たなトレンドが発生します。ですが、その表面を取り込むだけでは、話題になることはあっても、お客様を心から満足させることはできないのです。生分解性緩衝材はエコロジー志向のムードを捉えていたものの、市場で求められる価格と機能を有していなかったために失敗してしまいました。独自性を追求することはメーカーとして当然ですが、安易にムードに乗るのではなく、血眼になってお客様や輸送現場のニーズを探し出し、それを市場価値に見合った価格と機能を踏まえながら商品化していかなければならないのです。

ところで、エコという点での梱包業界における環境改善活動としては、日本の場合、使い終わった梱包材や緩衝材をリサイクル、リユースするシステムがうまくいっています。また、当社のマングローブ植林活動もエコに関する活動のひとつだと自負しています。

1社依存体制から脱却し、海外展開をスタート

ここまで紹介してきた梱包・緩衝技術は、76年の創業以来、当社の設計部隊によって日進月歩で鍛え上げられてきたものです。まさにカネパッケージのもっとも強力な武器といえますが、もちろんそれだけではビジネスは成り立ちません。前述したとおり、材料や設備にとらわれずに適正な設計提案を行うファブレスなスタイルを貫いたからこそ、カネパッケージは総合梱包材企業となることができたのです。

そのようなスタイルがもっともうまくハマり、さらに鍛え上げられ、その後の躍進に

繋がったのは、カネパッケージ初の海外進出先のフィリピンにおいてでした。ここからは、97年から現在に至るまでの海外展開・事業拡大の歩みについて、紹介していきましょう。

そもそもカネパッケージは76年の創業以来、国内でほぼ1社依存型のビジネスを続けてきました。96年当時で、当社の仕事の実に95パーセントをB社との取り引きが占めていたのです。その状況を維持していくことが難しくなったのは90年代中頃のこと。HDドライブ業界の企業が、こぞって海外展開に乗り出していった時期です。アメリカ系の企業はインドシナ半島へ、日系はフィリピンに集中しました。96年には三大大手がフィリピンに生産拠点を移したのです。

当社では主要顧客であるB社の工場が国外へ出てしまう影響で、売り上げ20パーセントダウンは避けられないと、95年の段階で予測していました。それとともに、フィリピン現地でB社がどうやら梱包材の調達に四苦八苦しているらしいという噂も聞き、海外経験者も語学力の高い人材もいなかったにもかかわらず、カネパッケージは96年にフィリピンに進出したのです。しかし、ノウハウがまったくない状況での海外進出で苦戦を強いられ、業績はまったく上がらず大赤字を出してしまいました。私が97年に入社した時点で、現地の売り上げは月額たったの1500万円で、毎月500万円の赤字損失を出していました。

その状況から、私はフィリピン社を約半年間で黒字化し、その後は01年に中国、05年にベトナム、06に年タイ、11年にインドネシアへと事業を拡大していきました。一中小企業である当社にどうしてそんなことができたのか。その成功の秘訣は当社のファブレスなビジネスモデルにあります。

現地での事業展開の基本

海外に進出している日系企業と取り引きする際の基本をお話しする時に、私がかならず使う例えがあります。海外で食べる日本食の話です。

「ある日本人が外国旅行で、どうしても日本食を食べたくなったとします。彼は何を求めていると思いますか」

多くの人は日本で食べるのと同じ味、同じサービスを求めるでしょう。それを実現できているお店が海外にどれほど存在するかは置いておいて、私たちがフィリピンに進出した際に求められていたものは、まさにそれだったということが重要です。どんなに状況や環境が変わっても、日本国内で提供してきたのとまったく同じ製品、サービス、開発機能、品質を維持しなければならなかったのです。特に梱包材のような末端において、日本と同等のレベルを維持するのは切実な課題となります。これが電子部品や化学薬品であれば、コア開発は進出先ではなく日本で行い、海外でノックダウン生産する、という流れが一般的でしょう。対して梱包材の場合、資材を日本で調達してそれを現地に運ぶなどということは、コストがかかりすぎるためできません。すべては現地調達、現地の材料を使って設計・開発することになるのです。

かといって、私たちが現地に生産設備を用意したとしたら、これもまた巨大な投資となってしまい、経営を圧迫してしまうことでしょう。それだけでなく、地元のメーカーと競合してしまうということが大問題です。日系企業がやってきたことでウィン・ウィンの関係が成立するのではなく、競争の関係ができあがってしまうのです。発展途上国で地元に工場を持っている人の多くは財閥か華僑のオーナーであり、資金を潤沢に持っているので、設備をドンドン新しいものに更新していくことができます。最初はこちらの方が新品、あるいは中古でも最新の機械を導入し、現地工場の生産を圧倒することができるかもしれませんが、向こうもそのうち追いついて、新しい機械を導入してくることは明白です。それにつれて品質も向上していくはずですから、長い目でみると、より人件費の安い地元工場との厳しい価格競争を強いられることになってしまうのです。

こうした背景もあって、多くの梱包材メーカーは海外進出に二の足を踏んでいたのですが、当社では持ち前のファブレスなビジネスモデルをうまく海外でも応用してみることにしました。材料を現地調達するだけでなく、製造・生産も設備投資することなく現地の協力工場を使いました。設備投資は向こうに任せて、こちらはノウハウを提供し、納期と品質を管理する。各工程ごとに技術指導をし、マニュアルもつくるので、現地の技術レベルも確実に上がりますし、大量の雇用も生まれます。日系企業の進出によって、おたがいにウィン・ウィンの関係を築くことを目指したのです。

その上で現地の試験設備は徹底して充実させることにしました。フィリピンやベトナムといった海外拠点で日本と同じ開発能力・サービス・品質を維持するには絶対に必要なものだからです。段ボール箱の圧縮試験機もそのひとつです。パレットを何段積むかによって、梱包材がどう変化するか、どれほどまでの圧力に箱が耐えられるかを実験する機械です。もちろん箱が耐えられるギリギリの重量を基準とするのではなく、2倍、3倍とセーフティ・ファクターをかけて、それに耐えられる強度をいかに実現するかを研究するのです。

理論上の強度と、実際にできあがったものとのズレをはかる実験にも力を入れています。海外の場合は気候風土によって理論と結果が大きく異なってくるため、こういった実験が必要不可欠なのです。日本にはＪＩＳ規格があって「気温23℃・湿度50パーセントの時にはこれくらいの強度が必要」という共通規格が決まっています。ところが東南アジアなどは非常に高温多湿で、日本の基準が当てはまらないことがしばしばあります。さらには船のなかのコンテナを想定して、気温50℃・湿度80パーセントという極端な状況で箱がどうなるかを確認したりもしなければなりません。試験をする前には、試験場で24時間かけてそのような環境を再現するので大変です。

そのほか、設計した箱に衝撃を与えたときに、どのくらいの強度があるかを調べる落下試験機もあります。まず角を一回落として潰して、潰れた角の線のところ（リョウ）を三方向から落とします。次に面落下、側面、上面、底面、と全面試します。そして、それぞれの場合のＧ値がどのくらいあるかを測定するわけです。ちなみに製品の強度や精細度に応じて、梱包材・緩衝材に求められる強度は異なるため、お客様によって要求する基準も変化してきます。

アジア圏初の試み――ＶＭＩ導入が奏功

こうして当社はコア技術とファブレスなビジネスモデルを活用することで、海外現地における日系企業へのＪＩＴ（ジャストインタイム）納入を実現し、高い評価を得ることができましたが、それと同時に納入方法の改善にも取り組みました。

なかでも大きな進展となったのは、生産設備を持たないスタイルをさらに推し進めた

梱包材をトローリーに
キッティング(設置)し、
お客様の梱包最終工程に投入
コンテナ毎入替え
24時間対応
お客様の工場に
40 ftコンテナを設置
オンライン納入検収
KANEPACKAGE PHILS

1990年代にアジアでいち早く梱包材のVMIを開始

納入法として、アジア圏で初の梱包材のVMIを実現したことでしょう。VMIとはベンダー・マネージド・インベントリーの略称で、サプライヤーと顧客との間で事前に一定の在庫レベルを取り決め、以降、常にその範囲内で適切な在庫をサプライヤーが算出して送り込むシステムです。顧客には梱包材の必要量以上の在庫を抱えることも、管理や発注などをする必要もないというメリットがあります。逆に私たちにとっては在庫負担と納入管理をしなければならないものの、長期的に商権を確保できる可能性があるわけです。

このVMIを具体的にどのように実現

したかというと、まず40フィートのコンテナを買って、全面を白く塗り当社のロゴをしっかり入れて、トラックごとお客様の倉庫の中まで入り、そこにコンテナを設置します。その中のコンテナには製品モデルごとに分けられた梱包材が入っており、これをトローリーでそのまま製品ラインの最後の梱包作業場まで運びます。そこで梱包材のキッティングを組み立てて製品を梱包して出荷する、という流れです。コンテナが空になったらまた次のコンテナと入れ替え、以上を24時間態勢で繰り返すので、お客様のところには、常にトローリーひとつ分の在庫だけが残ることになります。それまでは嵩張る梱包材の在庫を広大な敷地に備えておく必要がありましたが、これがほぼゼロで済むようになったわけです。ストックアウトの頻度は劇的に減りますし、さらにバーコードの仕組みを使って、トローリーが中にいる時にバーコードを読み取るとその時点で当社からの売りになり、お客様の仕入れが立つ、という流れをつくることもできました。結果、梱包材の商権を継続的に確保することができたのです。

ピンチをチャンスに切り替え、通貨危機を克服

進出と同じ97年、アジアで通貨危機が起こりました。タイを発端として始まった、アジア各国の急激な通貨下落現象です。日系企業の8割方が融資の焦げつきによって大打撃を被ったといわれていますが、ちょうどフィリピン社に赴任したばかりだった私はこのピンチをチャンスに変えました。

当時は現地通貨1ドル＝26ペソで取り引きされていましたが、お客様たちはだいたい輸出企業だから回収はドルでしているはずだと考え、1ドル＝26ペソで換算し、ドル回収に変えたのです。ほぼ時を同じくして為替が1ドル＝30ペソを突破、最終的には1ドル＝54ペソにまで変動、現地通貨の価値が急落したのです。これは、売値1ドルの箱が、原価はそのままで利益が26ペソから54ペソにまで上がる、ということを意味します。これによって当社は利益を上げて内部留保ができ、経常利益も50パーセントを超える体質になることができました。

さらに、もうひとつ2次的な効果もありました。サプライヤーからの仕入れに際してもドルで支払いを行っていたので、サプライヤーにとっても大きなメリットとなったということです。結果、当社への納品がそれまではいつも遅れていた会社も、当社に売れば売るほど儲かるので一切遅延がなくなりました。それどころか最優先で当社の仕事をやってくれるようになったので、現地での取り引きがドンドン増えていったのです。それによってサプライヤーの調達力も上がったし、お互いに連携も深まりました。

まとめ

フィリピンで成功した理由を自分なりに分析してみると、競合他社がいなかった、B社以外の客を取り込めた、現地企業との共存共栄した、他社がやらないことを積極的に取り込んだ、財務面でピンチをチャンスに変えた、という要因が上がります。おかげで、97年に赴任してから00年くらいまでの間に海外展開の土台づくりを終えることができました。豊かな発想力を持ち、情に厚く、親日派で勤勉なフィリピン人たちにも支えられました。しかし、持続的なビジネスを担ってもらうための人材育成はそう簡単にはいきませんでした。人づくり、そしてローカルサプライヤーをどうコントロールするか、次章ではそのあたりを解説していきたいと思います。

カネパッケージのさまざまな梱包材

カネパッケージはさまざまな企業のニーズに応え、段ボール関係はもちろんパルプモールド、真空トレー、ダンプラ、強化段ボール、紙パレット、シートパレット、PE袋、生分解性袋、生分解性緩衝材など、多彩な材質の梱包材・緩衝材を製造している。

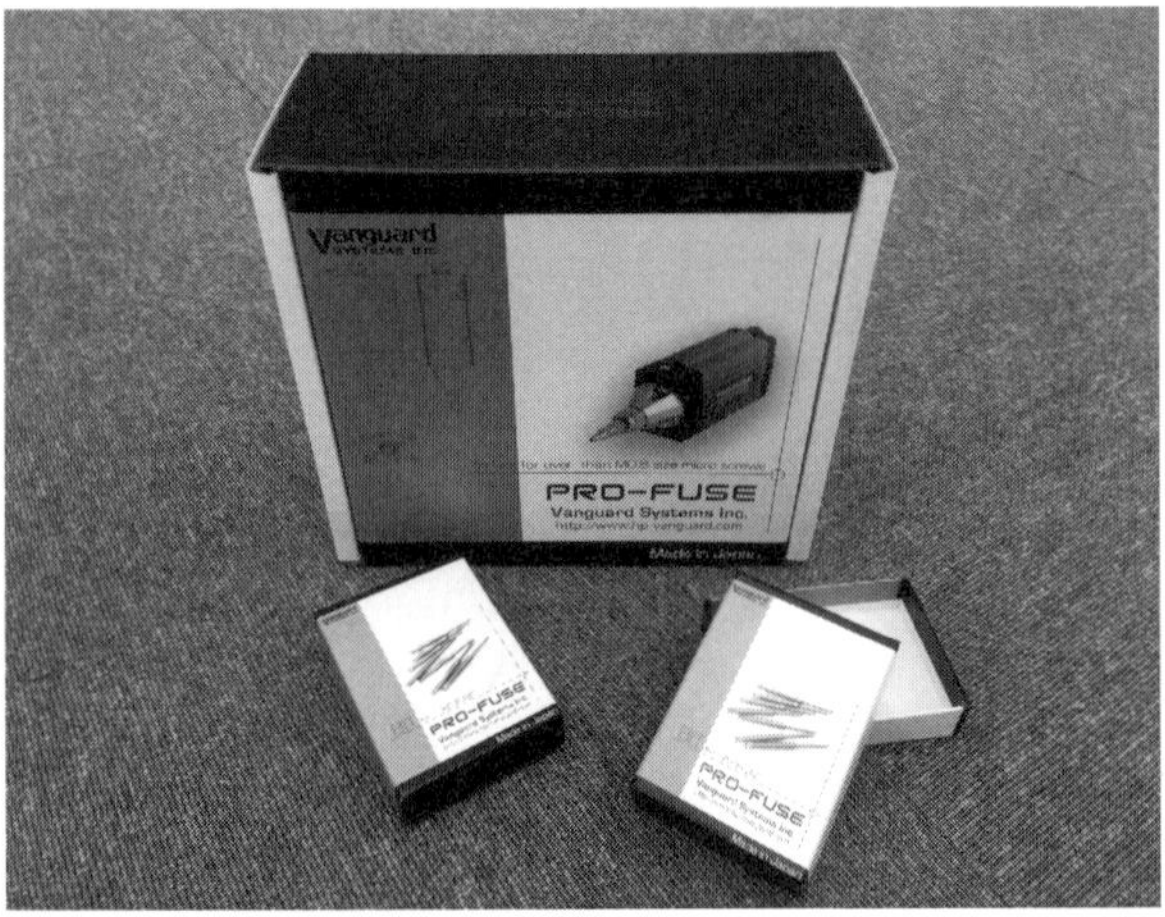

トルク自動検出機能付特殊工具用の個装箱

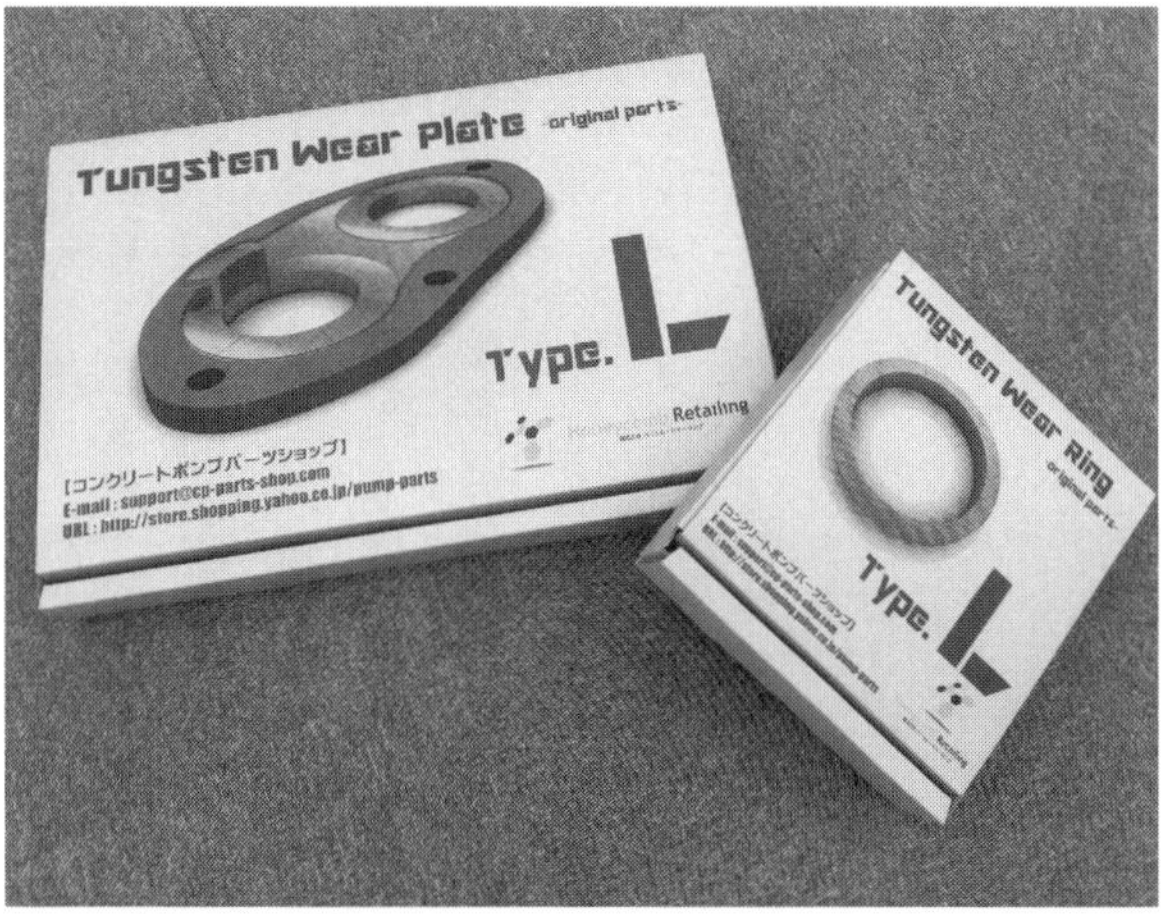

トラック車両部品用の個装箱

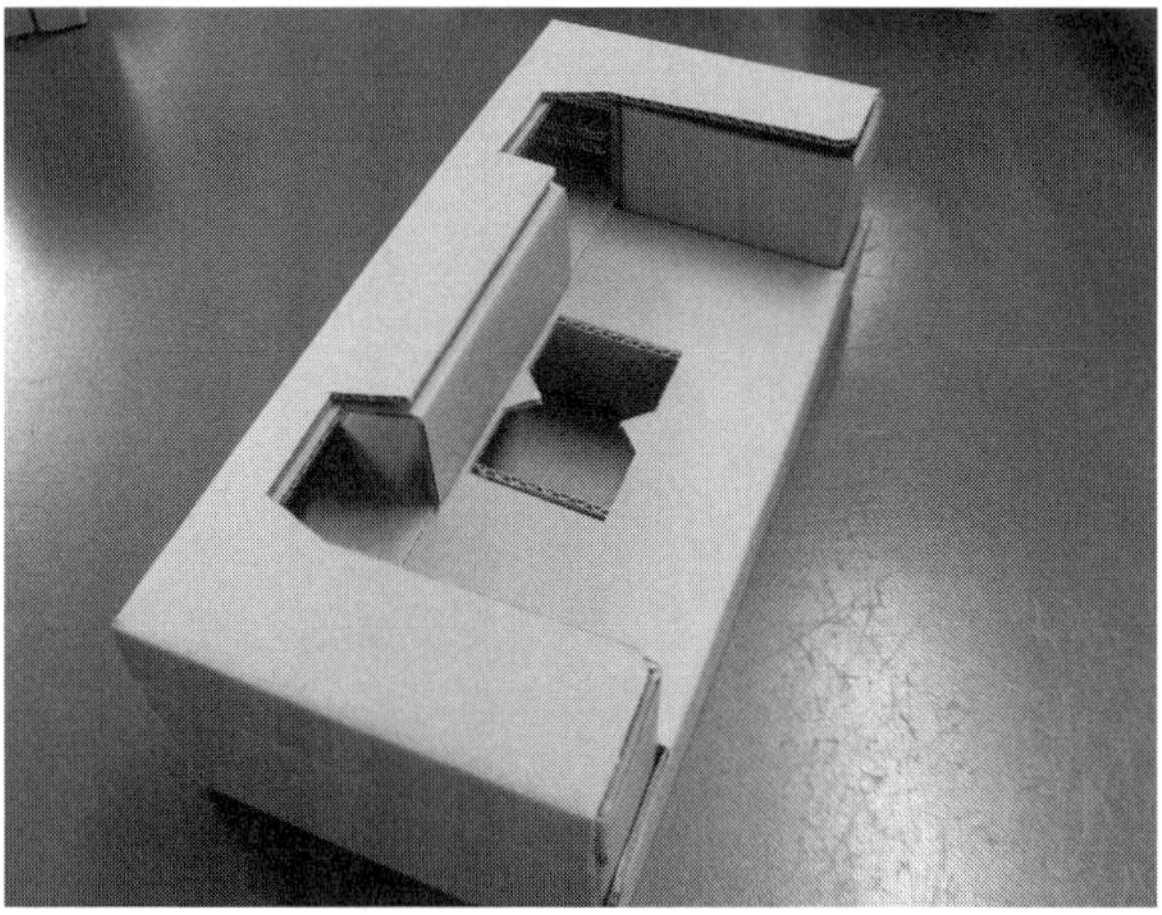

分析機器用のダンボール緩衝材

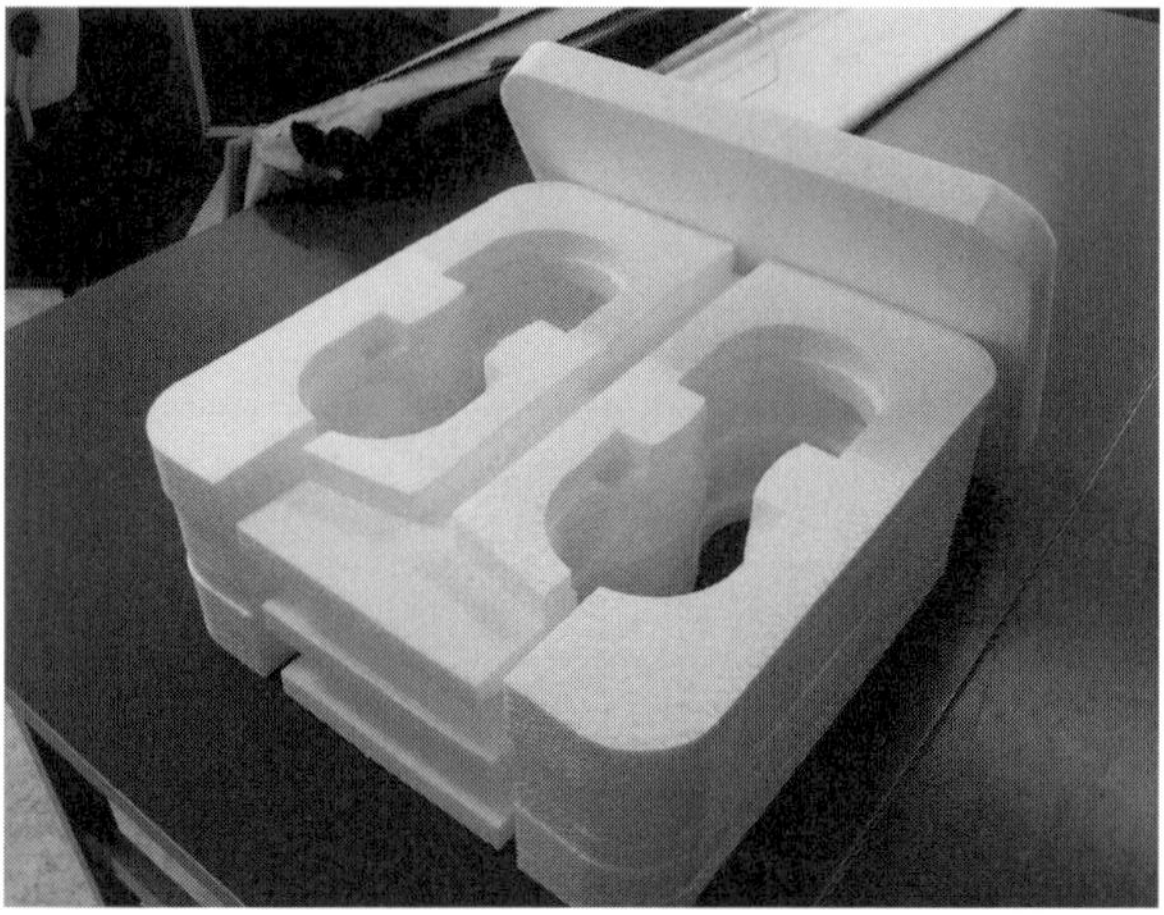

医療機器用緩衝材

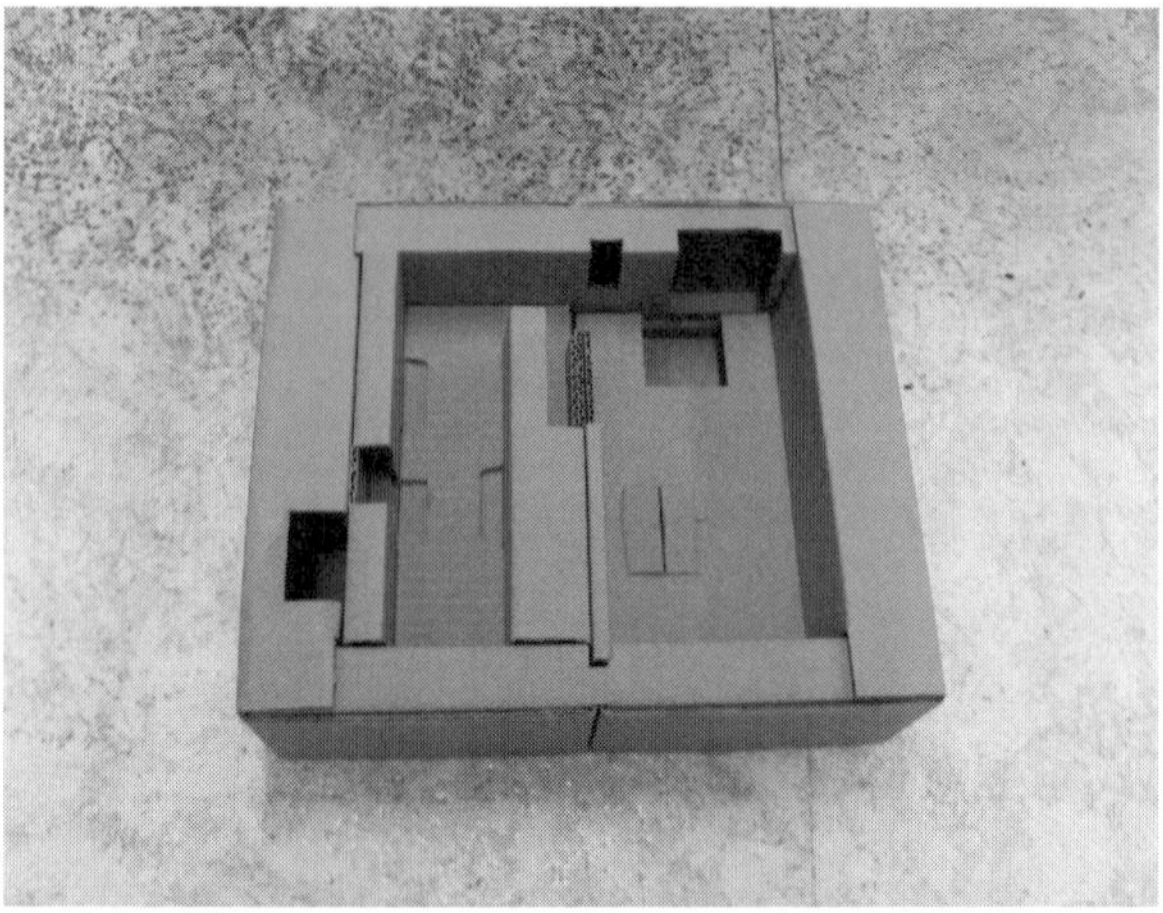

光度計用ダンボール緩衝材

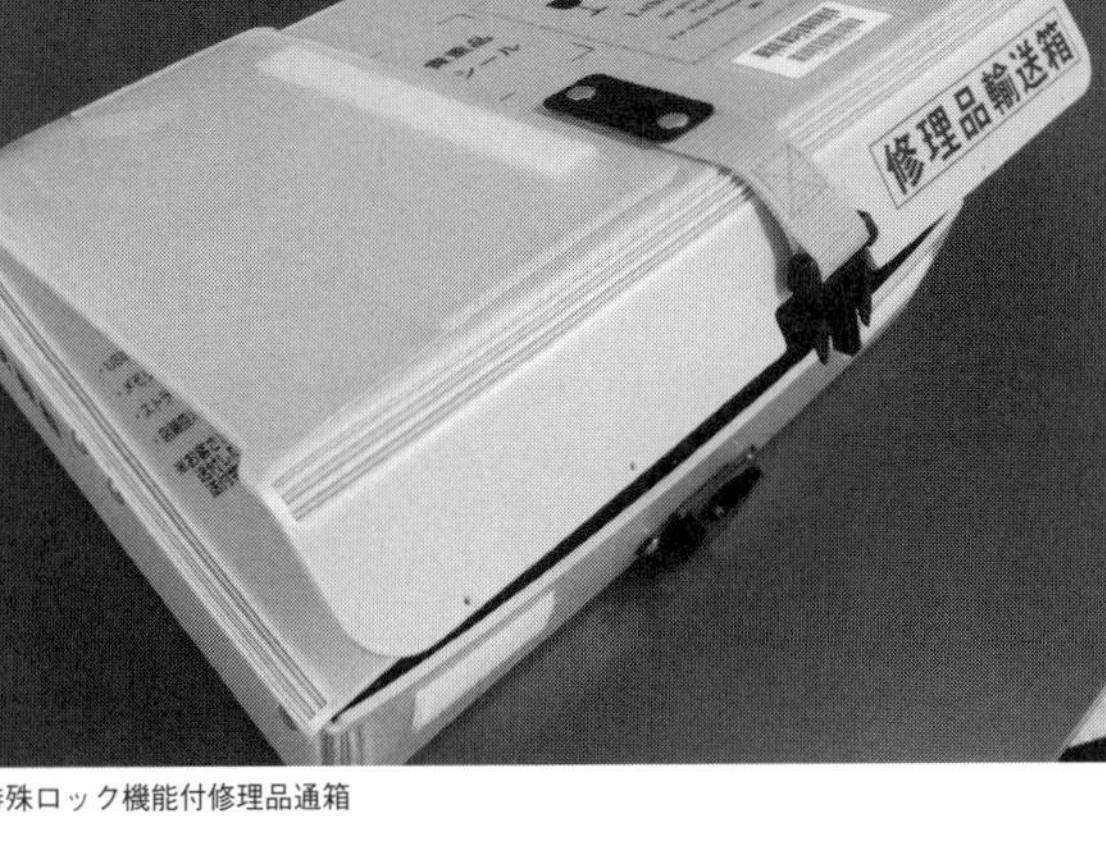

特殊ロック機能付修理品通箱

分析機器部品用緩衝材

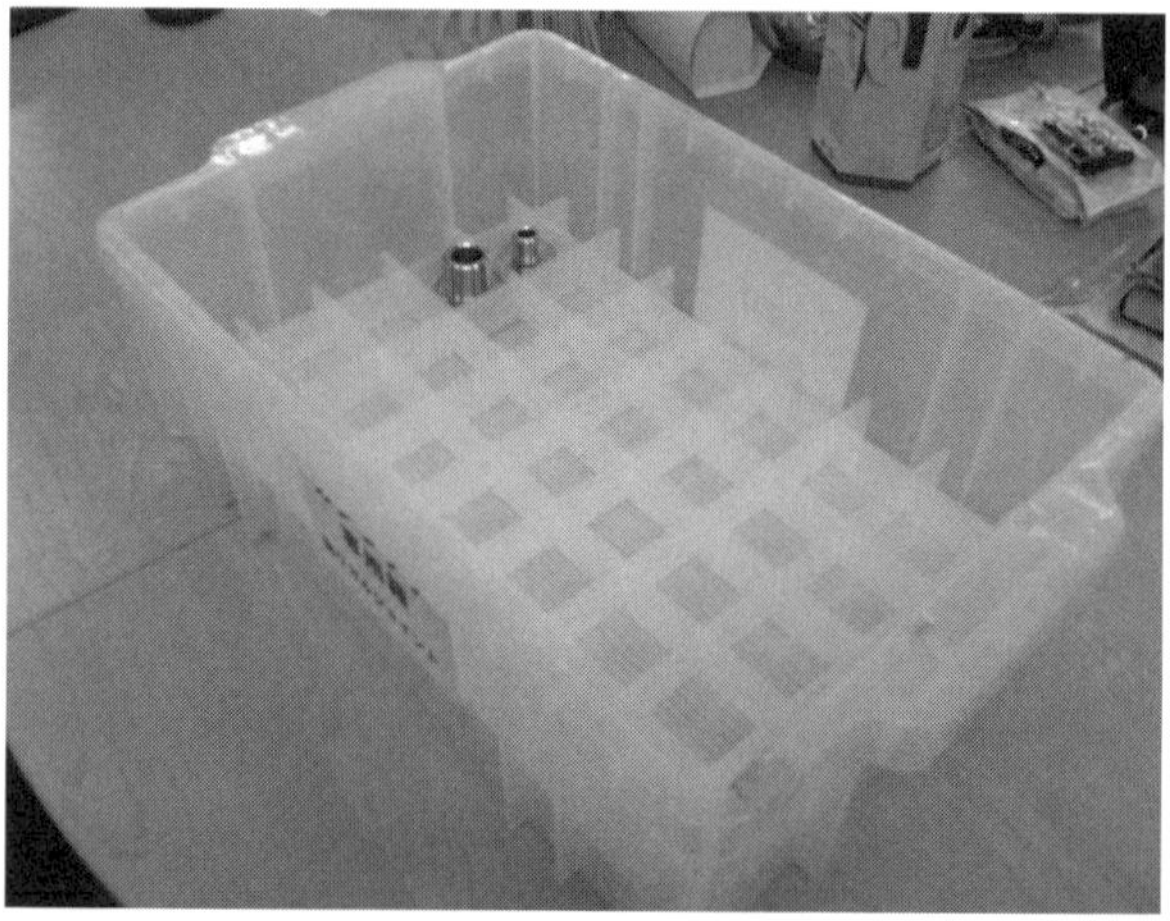

部品プラスチック製通箱

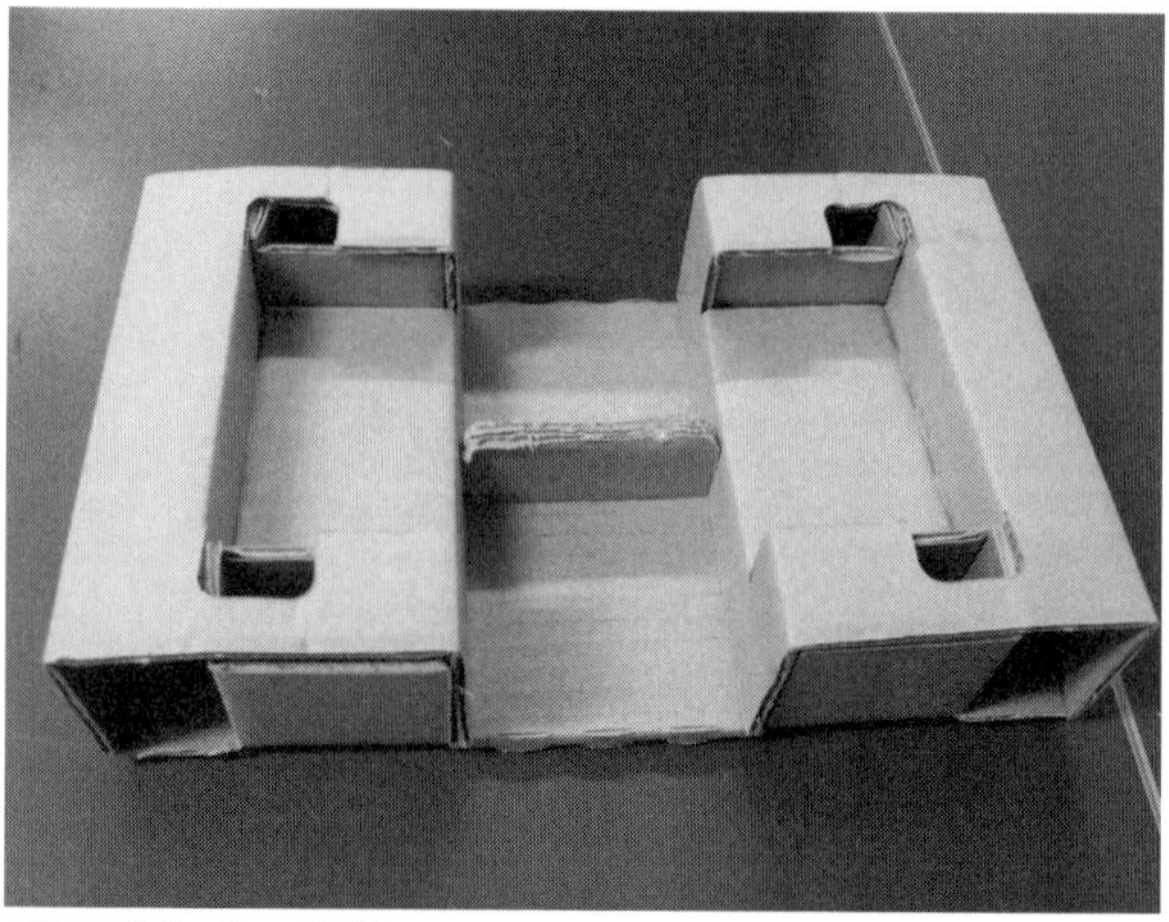

電子部品用ダンボール緩衝材

ダンボールリール(折畳み式)

放射線測量機器用個装箱

第3章　現在のカネパッケージの人と心をつくった海外進出

前章において、カネパッケージのコア技術である梱包・緩衝技術やファブレスなビジネスモデル、当社の海外展開の概要についてお話してきました。本章では、それらを支えてきた優秀な人材と「驚きと感動」の経営がいかにして成立したのか、特にフィリピンへの進出時を例にとってお話したいと思います。

会長の期待にこたえたい

私がカネパッケージに中途入社したのは37歳の時のことで、当時は日本の梱包材業界の事情もよく知りませんでした。入社早々、フィリピン社の立て直しを命じられたものの、現地へ行って帳簿を見てみると、1カ月の売上平均は1500万円で、毎月500万円以上の赤字を出していました。これをなんとかするべくガムシャラに働いた半年間。そこには、カネパッケージ入社以前の私が鍛え上げてきた「驚きと感動」の経営のエッセンスが凝縮されています。

一番最初の原動力は、私にフィリピン行きを命じた会長（当時は社長）を驚かせたい、感動させたいという思いでした。1カ月に一度、会長がフィリピン社を視察しに来る時に、私は必ずなにかしらのサプライズを感じてもらうことを目標にしました。会社のこの部分が改善されたとか、従業員の勤務態度が良くなったとか、先月から一歩進んでいるところを見せたい、と。もともと、とても寡黙な人なので、いやでもこちらは「この人は何を期待しているのか、何を言いたいのか」ということを考えざるを得ないわけです。会長からは絶対に何も言ってくれませんから。

周囲からは「会長はとても怖い人だ」という噂をきいていたのですが、結局、私はいままでに一度も叱られたことがありません。「これをやっちゃいけない」と言われたこともほとんどありません。おかげで「どんなことをすれば会長は喜んでくれるのか」「会長はどんな情報を知りたいのか」ということを必死で考え続けてきました。

そうしているうちに、私は自然と会長の視点で物事を考えられるようになり、いつしかほとんど会話をしないまま気心が知れる仲になれたのです。

私がカネパッケージの代表となったのは2007年のこと。外部から来た者が社長になるというのは珍しいパターンでしょうが、逆に血のつながった親子だったらなかなかこうはうまくいかなかったと思います。息子だったらどうしても父親に反発してしまいますが、私の場合はまず会長をリスペクトするところから入ることができましたし、ちょうど良い距離感で相手の気持ちを考えることができたのです。

会長が私に海外事業を任せてくれたのは、会長が望むことを私が先回りしたからであり、「驚きと感動」をいつでも用意してきたからではないかと思っています。私がそれまでの半生で培ってきた「驚きと感動」の経営が奏功したのです。そしてもちろん、「この人をびっくりさせてあげたい」という気持ちは「お客様を、従業員を、市場をびっくりさせてやろう」という気持ちに昇華し、現在の多様な商品につながっていきました。

海外展開の際のハードル――意識改革

私がフィリピン社に赴任した当時、経営上の問題は大赤字だけではありませんでした。製品に不良品はたくさん出る上に、品質は安定しない、ということで毎日のように取引

海外展開をする際のハードル

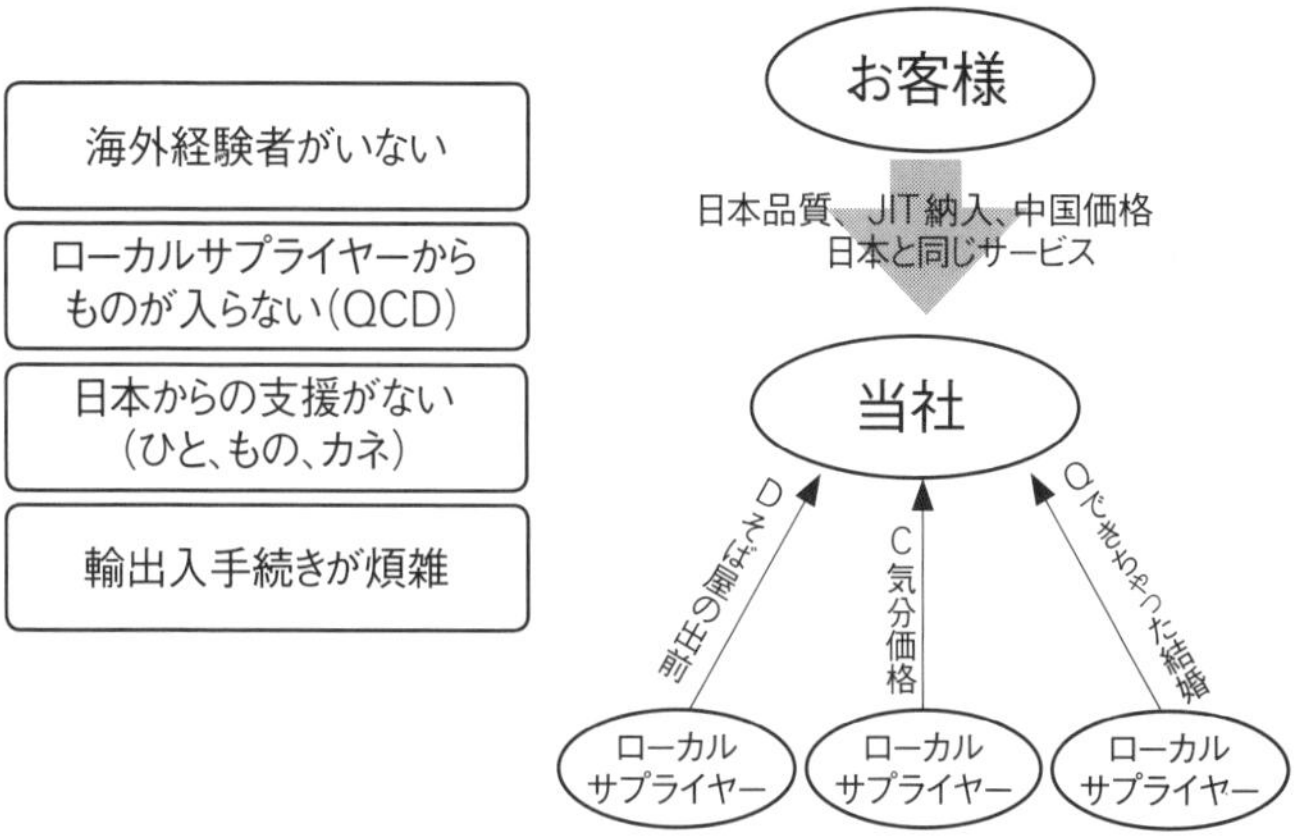
海外経験者がいない
ローカルサプライヤーから
ものが入らない(QCD)
日本からの支援がない
(ひと、もの、カネ)
輸出入手続きが煩雑
お客様
日本品質、JIT納入、中国価格
日本と同じサービス
当社
Dそば屋の出前
C気分価格
Qできちゃった結婚
ローカル
サプライヤー
ローカル
サプライヤー
ローカル
サプライヤー

先の日系企業からクレームが入りました。もっとも大きな原因は、工場の従業員にありました。クリスマス休み明けや連休明けは、もう休みは終わっているのに従業員の約2割は会社にこなかったですし、遅れて出てきても、「田舎に帰っていて来られませんでした」と平気でいう。そんな状況が常態化しており、日系企業に納得していただけるような仕事ができていなかったのです。

たとえば当時、工場の操業時間は朝6時でしたが、その場合、皆6時に出勤すればいいという考え方になっていました。でも、私たち日本人は当然、6時には仕事を始められる体勢を整えるために少し早めに出勤するべきだと思っていますし、それが当たり前だと感じています。また、特に休み明けは欠席者や遅刻者が多く、月曜日の遅刻者は当初10パーセントくらいでしたし、正月明けは17パーセントくらいでした。これも日本ではとても考えられないことです。つまり、働くということ、規律を守るということがフィリピンでは根付いていなかったのです。そのため、私はこれを改善するところから着手せざるを得ませんでした。

たとえば規律の基本にあるのは相手のことを思いやる気持ちですから、極端な話ですが、トイレの使い方から教育していきました。実際、トイレが詰まってしまって、事のついでに皆で大掃除をした時におもしろいことがありました。トイレの中から鋏だのなんだのが出てきたのです。皆に「何でこんなものを流したんだ」と聞いたら、何人かが「何でも流れるからゴミ箱だと思った」と話してくれました。日常生活における物事の考え方、捉え方が大きく違うということをあらためて実感する一件でした。

ローカルサプライヤーのビジネス感覚も、最初はひどいものでした。いうなれば〝そば屋の出前〟感覚です。なかなか出前で頼んだそばがこなくて文句の電話を入れると、

「いま出たところです」というんですね。しかし、実際には「いま出た」といった時点ではまだ作っていない。「いま出た」といった時点からそばをつくり始めるのです。事ほど左様に、10時に待ち合わせをしたとすると、10時から支度を始めるのが常だったのです。

この意識を変えるのがたいへんでした。そもそもフィリピンには時間に追われる感覚というものがないのです。常夏で1年中マンゴーやバナナといった果物がとれる環境ですから、冬に備えて収穫して蓄えるためにあくせくする必要が歴史上なかったからかもしれません。それに、現地のサプライヤーにとっては、わざわざ新規参入してきた我々に合わせてやる気なんてないのです。いままでどおり自分たちの作りやすいものをドンドンつくって、納品して回収する方が楽ですから。それから、ガソリンや原油、紙などの値段があがったから、という理由で月の一日までさかのぼって価格改定したり、不良品が出ても注文した側がすべて買い取るというのも当たり前でした。要は売り手市場なのですね。日本でのビジネス感覚とはまったく違うのです。

そういうフィリピン流の意識のサプライヤーたちを相手にしているにもかかわらず、

一方でお客様たちは、日本流の100パーセント全品検査の品質を期待します。完全に板ばさみ状態です。しかも「海外展開の資金は海外でまかなう」というのが会長の絶対方針でしたから、日本の本社に支援を求めることもできませんでした。

そんな状況をどう乗り越えたかというと、日本流のビジネス感覚に馴染んでもらうべく、日々私自身が現地の人々に働きかけ、交流したのです。具体的に当時の私の一日を振り返ってみましょう。

まず朝一で、出社前にサプライヤー工場へ赴きます。生産管理の担当者にコーヒーを御馳走して雑談しつつ、「うちの優先生産指示書だけコンピューターで打ち出してくれないか」とお願いするわけです。一日の一番最初に発行してもらった指示書を現場に持っていけば、当然のことながら当社の仕事が一番に始まります。それで生産開始されてものが流れるのをこの目で確認してから、会社へ出社するのです。会社での仕事が終わったら、今度はまたそれぞれの工場へいって、朝出した指示書どおりのものがきちんとできているかどうか、良品が上がっているかどうかを直接確認します。もし何らかの問題が発生していたり、予定どおりの製品が仕上がっていなかったら、夜のシフトの面々に、「朝までに仕上げてくれ」と頼まねばなりません。3社くらいそうしてローカルサプライヤーを回って帰宅すると、たいてい夜中の1時過ぎになっています。すると今度はかみさんが待ってましたと乳飲み子をさし出してくる。生まれて間もない息子の子守りをして寝かしつけて、ようやく私も布団に入ることができるのです。

平均睡眠時間1～2時間という日々が1年間くらい続きました。とても大変な毎日でしたが、根気強くサプライヤー回りを続けることで、どうやったら彼らが動いてくれるかということを勉強することができましたし、何より全員と顔見知りになって良好な人間関係を構築することができました。品質・納期・対応・サービス等すべての面で業務が改善され、取り引き先の日系企業にも「驚きと感動」を届けることができる態勢が整ったのです。すると、自分が仕事をすることで感謝される体験をした従業員たちにも、笑顔と自信が芽生え始めました。しだいに、私がわざわざ顔を出さなくても、彼ら自身が日本流のビジネス感覚で仕事をしてくれるようになっていったのです。

それと同時に、私は早い段階で、それぞれのメインサプライヤーの工場に品質管理と納期管理のできる人材を、24時間泊まり込みで駐在させる体制を敷きました。工場の宿

ハードルをいかに乗り越えたか

まず私自身が動いた

①朝一番にサプライヤーの工場へ⇒1杯のコーヒーと優先生産指示書の発行
②生産開始を確認してから出社
③日中は、お客様対応
④仕事が終わるとサプライヤーの工場へ⇒合格品が上がっているかどうか確認
⑤当社への納入指示

これを約1～2年間継続(当社現地社員と共に)

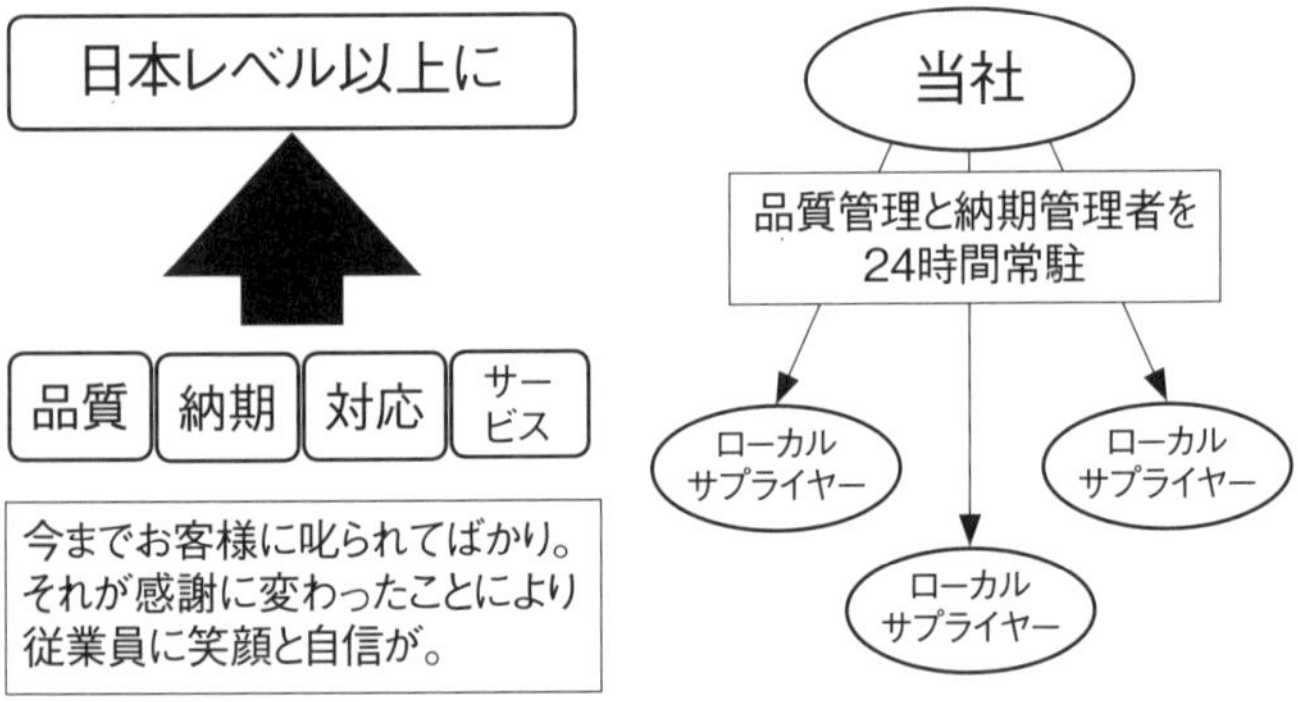

舎を会社で借り上げて、駐在員にはそこの従業員と同じように食堂で食事して生活させて、週末は自宅に帰れるようにして、相応の手当も出しました。それによって、いま生産状況がどういう段階にあるのか、遅れているのか早く進んでいるのか、どういう対応が必要なのか、という報告が随時上がってきます。私はそれを確認し、しかるべく指示を出して業務を調整するのです。必要があれば、もちろん

私自身が出向きます。この態勢によって、お客様のところでは納期遅れを絶対に起こさなくなりました。

遅刻・欠勤問題に対しては、お年玉を実施しました。無遅刻の人、1月2日にちゃんと出勤した人には「ラッキーコイン」という呼び方で、一人ひとりにお年玉を手渡して〝ハッピーニューイヤー〟をやったのです。すると次の年から遅刻者の割合は2、3パーセントに減り、4、5年後にはほぼゼロになりました。

さらに心の底から顧客本位になってもらうために、「お客様はおなかがすいてるんだ」という話をよく従業員たちにするようにしました。「レストランで注文した料理がいつまでもでてこなかったら皆怒るだろ」と。「なぜ料理を出さないんだ」と聞かれて、「まだ材料が配達されていないからです」なんて答えても誰も納得しません。「君たちはそれと同じような言い訳をしてしまっているんじゃないか」と。そうやって実際の生活体験に例えて話すと、気持ちはよく伝わりました。品質の話にしても、急いでるからといってチェックしないで図面も見ずにそのまま出してしまったりするんですね。急ぐと忘れるし失敗することも多い。だから「急ぎのときほど、ダブルチェックしなさい」と言ってあります。たとえば寝坊して急いでいるからといって、パジャマのまま会社にきたら仕事などできません。そういう、やるべき工程を全部こなして初めて次に進むのがまっとうな仕事というものです。

そういう話を何度も繰り返して、だんだんと従業員の意識は変わっていきました。日本であれば言わなくても常識と思えることも伝えなければなりませんでしたが、それは文化や習慣が違うのだから当然のことです。違いを理解し、それを克服するための努力をしていく。そうすれば必ず気持ちは伝わるはずです。

さらに「驚きと感動」の経営に馴染んでくれた現地の従業員たちに対しては、私は「ビジネスマンは白鳥であれ」と教育しました。お客様の前では優雅にふるまい、水面下では足を一生懸命動かせ、苦労している姿を見せるな、と。こうして成長した現地従業員たちはとても評判がよく、大手企業のお客様たちが、口コミでその評判を他社に伝えてくれたので、仕事はドンドン増えていきました。それにつれて従業員たちのモチベーションも上がり、売上も利益も伸び、次の海外展開へ向けた土台が整ったのです。

育った人材を現場で生かす――セブ島への進出

以上のようにして日本流のビジネス感覚を身につけ、成長してくれたフィリピンの従業員たちは、まさにカネパッケージの大事な「人財」となりました。フィリピンでの事業拡大、そしてタイや中国、ベトナムへと海外展開を続けていく上で、要となってくれたのはほかならぬ彼らだったのです。フィリピンでの事業拡大の際に、はじめはロザリオというところに工場をつくって、次にカランバに、さらにセブ島に第3の工場を計画する段になって、私はあえてその事業拡大の中心から一歩身をひきました。一緒にサプライヤー工場をまわったり、いろいろと苦労をともにしてきた従業員たち、立派に育ってくれた彼らにすべてを任せてみることにしたのです。「僕は君たちをシッカリ育てた。今度は君たちが、君たちにとっての弟・妹のような工場を育て上げてみてくれ」と伝えました。セブ島のどこに立地を選ぶか、どのように従業員を採用するか、どのように新規の仕事をとるか、すべての采配を彼らに任せました。営業担当やサプライヤー調査担当など、それぞれのエキスパートが揃った4人ほどのフィリピン人チームです。彼らは見事にセブ工場を立ち上げ、売上は小さくても利益がシッカリ出る態勢をつくり上げました。以後も、私は月1回くらい様子を見にいくだけで済みました。同じように、経験を積んで「驚きと感動」の経営を身につけたフィリピン人スタッフに、中国、ベトナム、タイ、と任せていったわけです。タイの時なんて、私はほとんど手をかけておらず、最終決済をしにいったくらいのものです。税金の優遇措置や会社をつくるための申請、工場の操業許可、税金の申告、消防署への届け出、などなど全部任せました。

事業が拡大すればするほど、彼らの成功体験は積み重なり、チームは次々と育っていきました。立ち上げの時に、そのまま現地に駐在するスタッフもいれば、出張ベースで時と場合に応じて応援しにいくスタッフもいるし、各部門のキーパーソンを採用してから帰国するスタッフもいるしと、様々なエキスパートが育ちました。ベトナム進出の時は現地で14人採用し、全員フィリピンで3カ月間トレーニングを積んでからまたベトナムへ、という方法もとりました。

現在、当社の日本人正社員53人のうち、15人が海外に駐在しています。日本本社には品質管理者は１人だけで、経理も女性１人なので、日本からはこれ以上は人材は出せません。フィリピン人にとっては、手当もあるし所得も増えるので、海外で仕事をするのはごく一般的なことです。総人口約１億人のうち、12パーセントくらいの人が海外で働いています。海外へ出稼ぎ労働者（OFW:Overseas Filipino Workes）として単身赴任して働いてお金をためて、帰ってきて家を建てるのです。海外で働くことがひとつの成功のステータスになっているといってもよいでしょう。そういう背景も、当社のフィリピンを拠点にしての海外進出には大いにプラスでした。

振り返ってみれば、カネパッケージがフィリピンに進出したのが96年8月。私が赴任したのがその翌年の６月。その当時は、月の売上がわずか１５００万円で毎月５００万円の赤字を出している状態でした。赴任してからほんの7カ月後には黒字化を達成し、その2年後にはセブ島工場ができていました。短いですが、カネパッケージにとってもっとも濃厚な時期だったかもしれません。

どこの中小企業も、海外に子会社をつくるときに一番苦労するのは人材獲得・育成だと思います。大企業、グローバル企業ならば、マザー機能があって、総務の支援、福利厚生、給与体制などしっかりしています。財務は財務で、生産は生産で、営業は営業でと各部門の専門家をそれぞれ派遣して、彼らの上にひとりの責任者がたつという形が可能です。中小企業の場合それが難しいため、海外展開の際には大きなリスクがあるのです。

しかし、当社はその欠点を逆に利用したといえます。資金が少ない、本社からの支援を受けられない、資材も人材も現地で調達するしかないという逆境だったからこそ、先に述べたようなガムシャラな方法によって現地従業員と交流でき、優秀な人材を育てることができたのです。

フィリピンに進出したのはもう23年ほど前、第二次投資ブームで日系メーカーがどんどん進出していくなか、彼らが求める日系の梱包材会社はフィリピンにはまったく出ていませんでした。当社はそこでいち早く商権を獲得することができました。いま述べてきたような人材面での苦労は、前例のない、誰もやったことのない事業を早い者勝ちでやるからこその苦労でした。私自身の「できない」は言わない、逆境を乗り越えたい、という負けん気や「うちでもできます」ではなく「うちならばできます」を提供したい、という「驚きと感動」の経営だったからこそ、成功できたのだと思います。

従業員を守るために言うことは言う

優秀な人材に育ってくれた従業員は、私にとって家族のような存在です。育ったから放っておくのではなく、その大切な存在を長く守っていくことも、経営者として当然の務めです。たとえばこんなことがありました。ある日の夜7時半頃、フィリピン社の従業員の女性がしくしく泣いていたのです。

事情を聞くと、彼女は輸出加工区のＰＥＺＡ（ペサ）のゾーンマネージャーにサインをもらいに行って、帰社したばかりとのことでした。フィリピンで操業していたある大手メーカーの工場に梱包材を納入するために、輸出入の手続きをしなければならず、書類にそのゾーンマネージャーのサインが必要だったわけです。彼女がトラックでＰＥＺＡの事務所へ行くと、定時の午後5時をわずかに数分過ぎていて、彼はもう帰ってしまっていたそうです。それで社宅までいって「サインをお願いします」と頼んだところ、一杯やっていた彼は「いやだ」と。サインがなければ仕事にならないので、彼女はがんばって頼みこむと、いじわるなことを言われ罵倒されたあげく、「いまいくら持っているんだ、財布を出せ」などと言われたそうです。給料日前のことでした。泣く泣く、財布に入っていた全財産、当時の彼らの1日分の給料に当たる200ペソ（約440円）を出すと、ゾーンマネージャーはそのお札を彼女の手から引っこ抜き、「これっぽっちか」と言いながら書類にサインしてそれを放り投げたんだそうです。彼女は黙って書類を拾い、お客様のところへ行き、すでに時間が遅くなってしまっていたのでお客様にも小言を言われ、ようやく帰社して泣きだしてしまったのです。

　私はカチンときました。24時間生産・出荷体制を目指してガムシャラに動いていた時期だったこともありますが、それ以上に、一企業のトップとして、自分のところの従員が理不尽な仕打ちを受けたことが許せなかったのです。夜8時近くになっていましたが、勢いに任せて輸出庁の長官に電話をかけました。「どうなってるんだ」と。長官からは「とにかく明日の朝来てください」とのこと。実はそのゾーンマネージャーは長官の親戚なので、これまでは横暴な振る舞いが暗黙のうちに許されていて、誰も文句が言えずにいたのです。私はズバリと苦情を言ってしまったのでどうなることかと思いましたが、訪ねてみると、長官は「申し訳ありませんでした」と深々と頭を下げてくれました。「御社に迷惑をかけた上、スタッフを傷つけてしまい、同じフィリピン人として恥ずかしい」と。そして私の眼の前でそのゾーンマネージャーに電話をかけ、「あなたにはもうその地区は任せられないから、ひとまずこちらに戻ってきなさい」と言ったのです。さらにもう一本別のところへ電話をかけて、北方のスービクという街のゾーンマネジャーにPEZAへの異動を伝えました。私の真摯な思いに対して、そのように目の前で采配をふるってくれたことがとても嬉しく、傷ついた当社の従業員も報われる思いでした。

この話にはさらに後日談があります。ある時、新しくできた工業団地のオープニングセレモニーがあって、私も出席しました。進出してきている日系企業の社長たちがたくさん呼ばれていて、そのなかに先の一件での納入先の大手メーカーの社長もいたのです。彼は私と輸出省長官とのやりとりを知っていました。なんと、長官から彼に「この間はご迷惑をおかけして申し訳ありませんでした」と謝罪の挨拶があったのだそうです。彼はこの一件をとても高く評価してくれて、「あのゾーンマネージャーには、後が怖くて私も何も言えなかったのに、金坂さんはすごい！　ありがとうございます」と喜んでくれました。

この出来事をキッカケとして、現地日系企業との繋がりがいっそう深まりました。従業員を育て、守っていくことは、会社を育て、守っていくことに直結するということを、深く実感しました。

マングローブ植林を始めるまでの苦労

さて、ここで当社のマングローブ植林事業についてお話しします。ちょっと話がズレるように思われるかもしれませんが、環境改善・社会貢献のみならず、現地と本社の従業員や私自身に「驚きと感動」を与える体験として、経営上とても重要な活動なのです。

当社は09年より、エビの養殖で破壊された「マングローブ林の再生」と当社のオペレーションを通じて排出する「ＣＯ２のオフセット」を全面的に打ち出すことにしました。当社全グループの売上の0・1パーセントをこの植林活動に充てています。

マングローブ植林事業を始めたキッカケですが、07年に私がフィリピンから帰ってきてすぐのことでした。高尾山に初詣に行った際、多数の杉の苗の寄付による植林活動が目に留まったのです。そのなかで、北島三郎さんが何千万円も寄付していたのがとても印象的で、カネパッケージでも毎年継続的にそのような活動ができないものかと考えました。会社側の反対は予想できたので、売上の0・1パーセントくらいでやりましょう、と提案しようと思いました。そして小さな投資でも大きな何かをやりたい、ということで思いついたのがマングローブだったのです。日本で杉を植えたら莫大な費用が必要で育つまでに時間もかかるし、間伐などの手間もたいへんです。対してマングローブなら成長も早いし現地の人件費も安価です。いろいろと調べていたら、90年代に日系の商社・業者がマングローブを伐採してエビの養殖域をたくさんつくっていたことがわかりました。私たちが新鮮なブラックタイガーなどのエビを食べることができるのはそのおかげだったのです。カネパッケージがお世話になっているフィリピンやインドネシアやタイでそういうことが起こっていたという事実を知り、ぜひとも恩返ししなければならないと思

いました。また、当時フィリピンで、黒岩勇という詐欺師率いる「ワールドオーシャンファーム」という企業が、エビ養殖への投資詐欺で約4万人から600億円以上ものお金をだまし取るという事件がありました。空ファンドを集めてさんざん豪遊して捕まりましたが。私たちがまじめに商売しているフィリピンで、同じ日本人がそんなことをやっているというのが恥ずかしく、悪いイメージを変えたいという思いもありました。

何より、金儲けだけのビジネス

マングローブ林

は長続きしない、ということはこれまでの人生のなかで何度となく実感していました。カネパッケージは単なる川下の下請けの梱包屋ではなく、大手と対等に取り引きを交わすパッケージのエキスパートなのだ、という気概を持って仕事をしなければならない、というのが私の信条でした。マングローブ植林活動は、その信条の表れでもあったのです。CSRや社会貢献などは、大企業だけの専売特許というイメージが蔓延していますが、業種や規模が違うだけで、中小企業だからやってはいけない法はないわけです。金儲けだけのビジネスをするのではなく、進出先の地域に根差し、そこに暮らす人たちとともに成長し、地域に恩返しをするのが、真のエクセレントカンパニーだと思うのです。

そんな思いを抱きつつ、私は現地での下調べを続け、フィリピンの自然環境省の方とも話し、現地での協力態勢や人間関係も整えました。そして08年から実際に植林活動を始めたかったのですが、案の定、いや予想以上に社内での反対は大きく、役員の説得がたいへんでした。そもそも、社会貢献にお金を出す社風がまったくなかった上、08年といえばなにしろリーマンショック直後ですから、「そんなことやっている場合じゃない」と取締役会では全員大反対。このときばかりは会長にも、「いまは儲かっているからやれるかもしれないが、だめな時はどうするんだ」と言われました。「社会貢献というものは、途中でやめることは許されないんだぞ」と。

以上のような状況がなぜひっくり返ったかというと、私がしつこかったからということに尽きるでしょう。「なんとしてもやりたいのだ」「これからは中小企業だろうと何だろうとやるべきことはやらなければならない。未来を見据えなければならない」と訴え続け、3回も審議にかけました。最後には、「これをやることによって企業理念も士気も変わるし、赤字にはしません。ずっと利益を出し続けます」と宣言までして、それを条件にやっとOKが出たのです。09年から、当社のマングローブ植林事業はついにスタートしました。

本物の社会貢献

CSRとして日系企業がマングローブ植林に乗り出すということ自体は、当時としても目新しいことではありませんでした。ビジネスでマングローブ植林をやっているところもあります。しかし調べてみると、社会貢献活動を名目に一本1000円もお金をとったりする例も多いようでした。大企業がお金だけ出して植林作業自体は行わずまったく実体を把握していないケースや、育てやすい同一種ばかりを植え過ぎて逆に植生を乱してしまうケースなどもありました。私はそんなことは絶対に嫌でした。やるからには、本当に地域社会にも自然環境にも貢献できることをやらなければ、何の意味もありません。

まず、フィリピンの自然環境省に保護されている指定地域が100カ所くらいあるので、そのなかで植林させてもらう許可を得ました。最初に植林を始めたのはオランゴ島、フィリピンで初めてラムサール条約を適合して保護区となったところです。渡り鳥の飛来地である沼地やラグーンを守る目的だそうです。植林が広がれば広がるほど、卵やプランクトンが守られるので、渡り鳥を守ることにもつながります。マングローブ植林は、CO2の吸収と酸素の創出だけでなく、海岸線の浸食からの保護、津波防御林としての役割、水質浄化、魚介類の産卵繁殖促進、渡り鳥の食料補給基地創出といった複合的な効果を生み出すのです。ただ、私が恐れたのは、素人考えで過度に植え過ぎて植生を乱してしまうことでした。そこで、現地の大学院でマングローブ研究をしている人を採用して、彼にプロジェクト担当を任せ、やりすぎない、環境にやさしい適度な植林をお願いしました。かつ、私たちは、自分たちがやっていることが本当に環境や地域に貢献しているのかどうかを、埼玉大学の先生と産学連携で契約してチェックしてもらう態勢を整えました。先生に年に何回か視察してもらい、地形や水の流れ、土壌、水質の変化を調査してもらって、これ以上やると地形や水質変化で生態系が変わってしまうとかそういう判断をしてもらったのです。フィリピン自然環境省の技術者や役人ともタイアップしました。

　ところで、マングローブの種というものは、水中に落ちたもののほとんどは流されてしまいます。実際に芽生えるのはそのうちの1パーセント以下。その流されてしまったものを集めてきて、選別して、植えていくというのが、植林の実作業です。集めるのに一本あたり1円か2円ほどかかるのですが、その作業にはローカルの人材をつかいました。植林した後の着床・育成のためのメンテナンスやパトロールなどにも、現地の人を雇いました。成木になるまでの全体コストは、1本あたり数10円ほどです。コストは日本で杉を植える数十分の一程度ですが、自然保護区の島は商業用の開発や伐採から守られており、漁業以外に産業がないので、現地での雇用創出効果は絶大です。

　また、難しい植林にもチャレンジしました。マングローブといっても実は300以上の種類があって、植林しやすい種は限られています。やりやすい種だけをやっていては植生のバランスが取れないので、件のプロジェクト担当の現地研究者に様々な種を研究してもらいました。彼は、アベシニアマリーナという、いままで世界で誰ひとり植林に成功したことのない種の植林を成功させ、論文も書き博士号も取得しました。こうしたチャレンジも繰り返しながら、当社のマングローブ植林事業は、オランゴ島からバナコン島、ネグロス・オリエンタル、と地域を移して拡大しています。当社と地域住民と現地研究者と埼玉大学と自然環境省に加え、支援者の方も集まってくれて、小さいながらもコンソーシアムのようなものが形成されて、環境保全・改善活動を本格的・継続的に続けることができています。

マングローブ植林活動が本社の従業員に与えた影響

さて、取締役会に大反対されながらもなんとか始めたマングローブ植林活動は、その後本社の役員や従業員たちにどのような影響をもたらしたのでしょうか。

最初は、海外から帰ってきたばかりの私がした環境改善のための提案を、なかなか受け入れてくれない人が役員や従業員に大勢いました。彼らは、フィリピンの従業員たちが味わった「驚きと感動」のことを知らないのですから、無理もなかったかもしれません。しかし彼らの意識は、マングローブ植林の実体験を通じて大きく変化しました。大反対していた同じ人が私に握手を求め、「すばらしい体験でした」と言ってくれた時は嬉しかったですね。会長にも現地に飛んでもらって、植林体験を通じて地元の人と交流してもらいました。もうすでに植林のイベントは20回以上実施されており、回を重ねるごとに「驚きと感動」の輪が広がっています。いまでは「また行きたい」という従業員だけではなく、その感動に共感してくださったお客様やお知り合いの方々にも積極的に参加してもらうようになりました。苦労をともにし、達成感を味わい、「驚きと感動」を共有することで、従業員一人ひとりが、環境に対する思いとその重要性、そして当社が取り組んでいる環境改善活動に、心から賛同してくれるようになったのです。

日本では仕事も生活も忙しいしモノに溢れていますが、フィリピンへ行くと何もないわけです。そこで彼らを待っているのは、私たちの地域への貢献を本気で喜んでくれている、現地の人の「驚きと感動」がこもった笑顔です。現地の子どもたちも、初めははにかんでいますが、一緒に浅瀬に入ればもう友達です。言葉なんていりません。とても人なつっこく、船で帰る時には海辺を追いかけて手を振ってくれるのです。こうした体験を通じて、誰もが、忘れていた純粋な心、純粋な笑顔を思い出します。行って帰ってきた人は、みな顔つきがガラッと変わります。人の心として、植林したマングローブがその後どうなったのかをまた見にきたいと思うようになり、国を超えて人々と一体感を得た貴重な体験を、従業員たちは仲間や家族にも話します。もともとフィリピンへの恩返しとして始めたマングローブ植林活動ですが、このような副産物は本当に大きいです。

こうした活動を評価してくださる多数のお客様によって、マングローブ植林基金自動販売機を日本ペプシコーラ（現：サントリー）様のご協力のもと、設置してもらうこともできました。１００円のジュースを買うと、そのうち10円がマングローブ植林の基金となり、10本分のジュースで１本のマングローブを植林するという形で協賛していただいています。１年間で50台というハイペースで設置は進みました。実際にマングローブの植林に行かなくても、普段の生活の中から自然に植林できる仕組みも構築できたのです。

現地での社会貢献活動の意義

このように、人を育てる上で大事なのは、ビジネスの仕方を教えることだけではありません。心と心の交流を通して、人は変わっていくのです。そのことを証拠立ててくれている、進出先現地での様々な社会貢献活動についてお話しましょう。

たとえば、マングローブ植林活動を通じて交流したオランゴ島とバナコン島、ネグロス島の子どもたちのために、2011年と2013年、2016年に学校校舎を寄付しました。それまでは、ヤシの木陰や教会を借りて勉強していた子どもたちが、雨の日も心配しないで学校に通えるようになりました。オランゴ島への寄付の記念式典では、梱包材に使うダンボールを使って、大きな紙芝居をつくり、「忠犬ハチ公」の物語を私自ら披露しました。一枚一枚段ボールの絵をプレゼントしたところ、子どもたちは大喜びでした。この子どもたちが一生懸命勉強し、大きくなって、将来私たちの会社に働きに来てくれるようになったら、どんなに素晴らしいことだろうと、私はその時思いまし

ベトナムでの寄付活動

た。島の宝である子どもたちに継続して教育と夢を届けることが、私たちのささやかな願いです。

バナコン島での式典の際には、校長先生が私に日本人と島民との思わぬ交流の話をしてくれました。彼も直接は知らない第二次世界大戦中の出来事です。日本軍がバナコン島に駐留し、前線への食料の補給基地に使っていたそうです。最初の2カ月くらいは、島民は隠れていましたが、日本兵も特に島民を相手にしていませんでした。しかしあるとき台風がきて、島民の家が壊れてしまったのですね。それをみた日本兵たちは、なんと家を建て直したり補強したり

クリスマスギフトを届ける活動

してくれたそうです。このことをキッカケとしてお互いの交流が始まりました。島民は魚や貝の取り方を日本兵に教え、日本兵は相撲や柔道を教えました。やがてセブ集結号令がかかり、日本軍が島を出たのですが、すぐに船は爆撃されてしまい、島民たちの目の前で沈没してしまったのです。結果はやりきれない悲劇で終わってしまいましたが、島の人たちの心には、お互いに助け合った記憶が残り、現地に残っている当時の記録にもそのエピソードが載っているそうです。

私たちの社会貢献活動は、いわば当時の日本兵たちがやったのと同じことです。自

サンタに扮した私

分たちがお世話になっている地域に恩返ししたい、その国のたいへんなところ、弱いところを助けたい、というごく自然な思いのあらわれなのです。そしてその思いは、現地の人たちを助けるだけでなく、従業員の側にもかけがえのないものをもたらします。言葉の通じない国々の人たちが一体感を持ち始め、従業員のモチベーションが上がり、当社の価値の再認識に想像以上に大きく貢献してくれたのです。フィリピンでは、交通事故遺児やピナツボ火山被災者の方々のために日本人社員もフィリピン人社員も一緒になって支援をしました。毎年クリスマスには、当社の10トントラックで交通事故遺児や被災遺児にクリスマスギフトを届ける活動もしています。従業員がサンタクロースに扮して登場すると、子どもたちは歓声をあげて喜んでくれます。そういう現地の人たちの喜びや感謝を目の当たりにすることで、従業員たちには、「この会社で働いていてよかった」という気持ちが副産物として生まれます。うちの会社には社歴もあるし社風もあるし、長年かけて培ってきたものがあるのは確かです。しかし、進出して数年という短い時間で愛社精神を作り出すのは至難の業です。にもかかわらず、カネパッケージで働くフィリピンやベトナムの人たちは、社会貢献活動を通していち早くカネパッケージを好きになってくれたのです。人はそこからぐっとのびます。どこの国の人でも同じです。

地元の人たちを助ける活動を、その地元の従業員と一緒に行うことで、単にビジネスのために進出しているわけでないということを態度で示せるわけです。自分たちの国のことをよく考えて進出してくれていると、従業員に実感してもらうことが大事です。

いまやカネパッケージには、こうした環境改善活動や社会貢献活動がすっかり根づいています。やることが当たり前になっています。同じ人間として困っているところを、お互い助け合おうという精神も少しずつ広がっていったのですね。フィリピンの人たちが、他の拠点においても同じスピリッツやマインドを正しく伝えてくれたおかげです。賞もいただき、社会からの評価も受け、会社自体のイメージも社内の士気もより高まりました。２０１４年3月には地球環境大賞を受賞することができ、式典には秋篠宮殿下や秋篠宮妃殿下もいらっしゃいました。私は当社の社員10名を出席させ、一人ひとり秋篠宮殿下に紹介しました。フィリピンから来た社員も、英語でやりとりしたのです。倉庫の人間も一生懸命やっていることを伝えました。そういう場にいることができた従業員の喜ぶ顔をみて、私は本当に嬉しくてしかたがありませんでした。自分たちがやってることが正しいと評価されて、表彰という形で返ってくるということが、とてもよい循環となったのです。

すばらしい従業員たち

本章の最後に、日本のカネパッケージ本社のすばらしい従業員たちのことを紹介しましょう。設計部隊は、前章でも説明したファブレスなビジネススタイルによって、みな固定概念にとらわれない自由な発想で設計してくれています。さらに私は、社員のチャレンジに決して「ダメ」とは言いません。むしろ「ドンドンやりなさい」と背中を押してあげる方針なので、たくさんの従業員たちから、いままでにない発想が次々と出てきます。先にあげた生卵を守る梱包材も、フィリピン人の研修生がこだわり通して作り上げたものです。

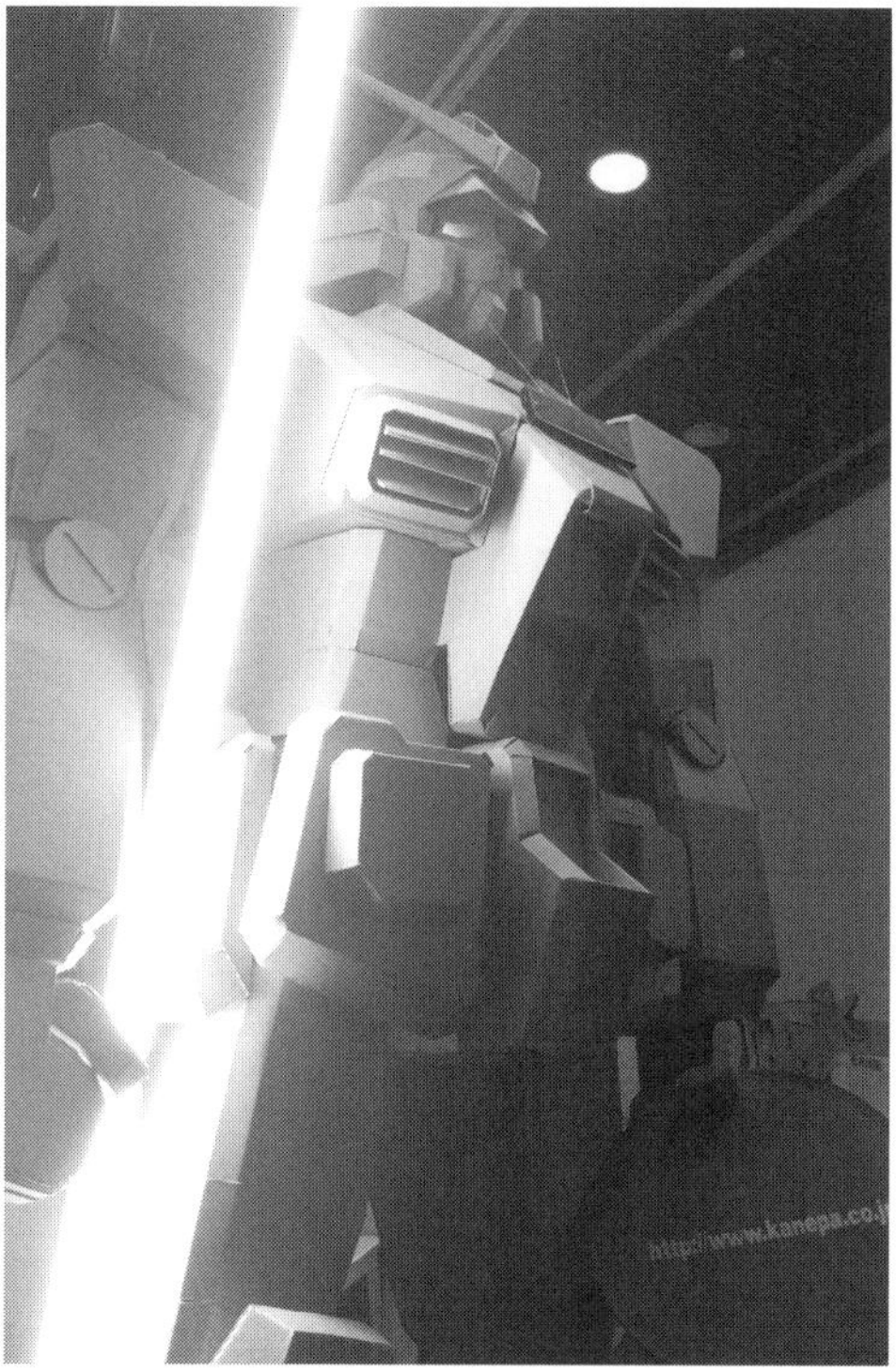

社員がつくった段ボール製のロボット

ひとつ面白い例をあげましょう。ある日、

社員がつくった段ボール製のロボット

ロボットアニメ好きの従業員が、「人気アニメのロボットを段ボールでつくってみたい」と言ってきたのです。例によって私はGOを出しました。彼は精巧なプラモデルを購入し、それを見本として一生懸命つくりました。部品点数はかなりの数にのぼりますが、すべてを忠実に再現しようとしたのです。まずはミニチュアでつくってみて、今度はそれを大きくつくり直していきました。といっても、単にパーセントをかけて拡大する作業ではありません。すべての部品において、失寸率、歪み率、勘合率などが変わるので、それらの条件を考慮しながらの作業となります。ハッキリ言ってその作業は、梱包材の開発・設計技術の高度なノウハウの塊です。遊び心から始めたものが、やれと指示された作業ではなく、本人がやりたくておもしろくてやっていることが、確実に技術向上に繋がっているのです。

彼は結局、ほかのロボットまで完成させてしまいました。ある日彼は朝礼に、そのロボットの足をはいて出てきたので、私は彼に説明を求めました。すると彼は満面の笑みで「人間が履けるようにつくったんです、最初のロボットよりこのロボットの足の方が難しかったです」と。私は感動して、その彼の遊び心を皆の前でほめたたえました。

そんなことをやらせていったい何になるのか、と思う人もいるかと思います。実際カネパッケージにも、昔はそういう雰囲気がありました。それを私は大転換し、自由に挑戦できる社風をつくり上げました。仕事における遊び心の配分は、各自の自己判断にゆだねています。いま例にあげた技術者は、ロボットの設計を練るための時間を確保するべく、一生懸命従来の仕事をこなそうとがんばりました。遊び心が仕事の効率を上げるのです。

私は、自分の子どもには、やりたいことはぜんぶやらせるようにしてきました。「お前が夢を叶えてなりたいものになることが、私たち両親の夢だ」と。従業員に対してもまったく同じ気持ちです。挑戦したいことがあって会社のプラスになることなら、ドンドンやらせます。そのような教育方針は、中小企業の規模だからこそできることだと思っています。チャレンジしたい人がいて、させたい社長がいる、というのはとても大事なことです。大企業では直接そのようなやり取りを交わすことは難しいでしょう。私の場合は、「成功体験」を重視して、表情・声・ジェスチャーを駆使して、「驚きと感動」をめいっぱい伝えるようなやり方で、従業員をほめます。誰かが喜んでくれるから、もっとやりたいと思うのが人情です。

チャレンジ精神を称揚する社風は、設計部隊だけでなく、営業部などにも共通しています。私が海外から本社に帰ってきて最初にやったのは、お客様へのアンケートでした。当社の強みを伺ったところ、てっきり高度な設計技術と答えが返ってくるかと思いきや、「なんでも言うことを聞いてくれるところ」「無理なお願いをどうにか実現してくれるところ」ということを皆さん言ってくれたんです。

困っているお客様を助けたい、「できない」と言わない、という私の精神は、営業にも伝わっていました。お客様の要望には絶対応えたいから、彼らは社内にはすごく厳しいです。配送、生産手配、材料仕入れ、設計部隊、接客、と全社的に協力してもらわないと、お客様の要望を叶えられないから当然です。いいチームワークだと思います。

スピード感のある営業で、仕事が取れるかどうかを見極めるのも早い。1回目で見積と試作を出せる状態にして、2回目には見積もサンプルも出て、そのときには具体的にいつから生産するかという話までいけることもあります。また、いまはだめかもしれないけれど1年後に取り引きが成立するかもしれないと見込んで、定期的に通っているところももちろんあります。展示会などでも当社のよさをアピールして積極的にお客様を捕まえてきます。

特殊な方法としては、お客様の会社に入り込んで、倉庫業務まで代行する、という形で仕事をとってきた者もいました。部品などの完成品の全国発送は、本来ならお客様の仕事で、パッケージ屋の仕事ではありません。それをうちが代わりにやりますから、という新しい取り組みです。さらに、お客様のつくった製品を検査して梱包する、ということまでやったりもします。いかにお客様にとって価値のある会社として存在するか、ということを各自が考えた結果、出てきたお客様への提案です。私の指示ではなく、付加価値を考えながら、うちの営業がドンドン挑戦してくれているのです。

当社の経理は、若い女性がひとりでやっています。とても優秀な子で、もともと簿記をもっていましたが、その後営業のアシスタント、管理業務を経験し、経理を担当するようになったので、モノの流れも金の流れも完璧にわかっているのです。だから財務諸表をつくるのは早いし、精度も高い。まだ29か30歳くらいです。行動力があってたくましい人材です。このように、当社にはおもしろくて優秀な人材がたくさん揃っているのです。

また、当社では、各拠点の技術者たちが腕を競う技術設計コンペを年2回開催しています。各拠点・各国ごとに代表者が出場して、この半年間考えに考え抜いたベストな設計をプレゼンするのです。2013年の初回は、ベトナムの設計者がグランプリをとりました。発想もプレゼンもすばらしく、全会一致で票を集めました。グランプリ受賞者には、日本に招待して本社でもプレゼンをしてもらいます。彼は日本でも堂々と自身の成果を語り、さらに英語があまり得意でないにもかかわらず、「今回このような場を与えていただいた会長と社長、ベトナム社の社長には心から感謝します」というおべんちゃらまで言ってのけました。普通、技術の発表ではそういうことは言えないと思います。フィリピンにおいて私が現地従業員たちとともに築き上げた「驚きと感動」の人材教育が、うまくいっていることを実感した瞬間でした。

第2回目のグランプリはフィリピン人でした。日本人はいつも2位なのです。3回目でようやく、インドネシア社に駐在している日本人設計者がグランプリをとりました。インドネシア社では、自動車メーカーがインドへ輸出するバンパー用の箱をつくっていたのですが、それまではどうやっても2本しか入らなかったバンパーを、彼はまったく同じ大きさの箱で3本入れたのです。細かいことと思われるかもしれませんが、そこには技術の枠と柔軟な発想と弛まぬ努力が結集しています。具体的にどうやったかというと、狭い箱の中で、緩衝材や固定材の構造を立体的にして、細長いバンパーをわずかに斜めに立てるように配置したのです。バンパーを置くだけで、もう固定されて動かないという優れモノです。梱包サイズは従来通り、コストもほとんど変わらないのに輸送効率はイッキにあがるとあって、この箱によってたくさんの仕事をとることができたのです。前章でも当社のビジネススタイルについてはお話しましたが、ただお客様からの依頼を待つのではなく、基本的にはこちらから積極的に設計提案をしていきます。いまお客様はどのようなことに困っているのか、それを改善するにはどうすればよいのか。そうしたことを考えながら、他には誰もやっていない、カネパッケージだからこそできることを提案して、コストや品質、輸送効率、といったパフォーマンスを改善していく、というのが当社のやり方です。

本社内でも海外でも、そのための自由な挑戦を認める社風が、広く伝わっています。

自由度が広すぎて何をすればよいかわからない、という子どもたちが一方では増えているといわれていますが、当社では能動的に参加すること、自ら動くこと、発言することを奨励しています。外部から専門の先生を呼んで社員教育もやってます。プレゼンやチームディスカッションもするし、梱包とはなんぞや、ということからマーケットやマネジメントなども含めてシッカリと学んでもらっています。

まとめ

こうしてふり返ってみると、すべてはフィリピンから広がっていったのだとしみじみ思います。私が率先して進めた現地工場の従業員たちの意識改革、苦労をともにした体験、「成功体験」を重ねた従業員たちに任せたセブ島進出、フィリピンから帰国した私が本社に持ち込んだ自由な挑戦を応援する社風、環境改善・社会貢献活動を通じて培われる愛社精神、高揚する士気、など、カネパッケージ一番の強みである梱包設計・開発技術を支えてきたのは、いつでも「驚きと感動」を通した人材教育だったということがわかります。

学校教育においては、誰もが、生きていく上での知恵、知識を学びます。それらを使って人生をどう生きていくか、ということが大事なことです。人生は高校や大学を卒業するまでは皆一緒ですが、そこからどう職場を選び、何をどのように実践していくか。何億通りもの選択肢から、すべて自分で選んで狭めて狭めて進んでいく、その一本の道が人生なのです。だからこそ、入社して以降の教育の仕方がとても大事なのです。会社に入ったばかりの人は、まず目立ちたい、認められたいと思うのが普通です。会社のことも仕事のこともまだよくわからないからかならず失敗します。でもそれにすこし目をつぶって、「驚きと感動」を与えたり、共有する機会をたくさん設けることが、なにより重要です。

第4章　経営者の感性

カネパッケージの未来を描く上で忘れてはならないのは「驚きと感動」。では、それを経営者はどのように体現していくべきか。まずは私なりの経営論を述べたいと思います。

「驚きと感動」の経営を創出するために

経営者が目指すべきなのは、利益を追い求めることだけではありません。そこで働くのが幸せで楽しいことだと従業員たちが感じていなければ、企業としてはけっして長続きはできないでしょう。「驚きと感動」を伝え合える経営環境・職場環境をつくっていくことが何より大事です。当社においては、これまで本書で見てきたように、フィリピンの従業員たちがシッカリとアジア各国にその種を蒔いていってくれました。高度成長を経た日本がすっかり忘れてしまった、心と心の交流を通したビジネスのあり方が、発展途上にある現在のフィリピン人たちの気質にうまく合致したのかもしれません。

「驚きと感動」の経営においてもっとも大事なのは、人を育て、人をつくることです。ある従業員の潜在能力が１００だとして、彼がいつでもそれをすべて発揮できるわけではありません。仕事にやりがいを見出せなかったり、何らかの事情で実力が発揮できない場合、能力は20くらいにまで落ちてしまうかもしれません。また逆に、「驚きと感動」を得る喜びを知っていれば、能力は１５０、２００と限界を超えていくことができるかもしれません。従業員たち一人ひとりの顔を見、心と心の交流を通して潜在能力を正しく引き出してやることが、中小企業の規模ならば可能です。10万人の従業員全員に高いモチベーションを強いることは難しいでしょうが、当社のように50数人がそれぞれ自分の仕事に「驚きと感動」を見出すことはできます。それは、中小企業ならではの強みだといってもよいと思います。そして、そのための上手な仕組みづくりをすることが、中小企業の経営者の役目なのです。本章では、私が考える、経営者に求められる感性のエッセンスについてお話しましょう。

経営の感性は遊びのなかから1――釣り

常々、経営の感性は「遊び」のなかでこそ養われると思います。どんな「遊び」にもかならずルールがあり、状況を把握する力が求められ、自分自身を見つめ直す機会や他者との交流があるものです。

たとえば、魚釣りについて考えてみましょう。私は田舎で育ちましたから、子どもの頃から川釣りが大好きで、学校から帰ってすぐ飛んで川に向かったり、雨が降っていてもかまわず竿を振るったりしていました。釣りにおける重要な特徴は、獲物のいる水の中を見ることはできないということです。見える魚は絶対に釣れない、とよくいわれます。相手は見えないどこかに潜んでいるのです。釣り上げるためには、あらゆる情報や手掛かりを収集し、見えないものを想像しなければなりません。昨日の気候はどうだったか、水量や水温はどのくらいか、地形はどうなっているのか、流れが滞っている場所はないか、など見えない水面下の状況に想像力を働かせながら、その状況で魚はどう動くか、どこに餌を下ろして流せば飛びついてくるかを予測するわけです。このように氷山の一角を見て氷山全体の姿を思い描く作業は、新しいニュースや状況の変化に常にアンテナを張り巡らせながら、その背景や将来像を予測するのによく似ています。他人の気持ちを思いやったり、どうしたらこの人が喜んでくれるかを想像することもまた、人の心という把握し難い領域に釣り糸を垂らす作業に他なりません。

経営の感性は遊びのなかから2——将棋

次に、将棋について考えてみましょう。将棋は、手の内をすべてお互いにオープンにした状態で戦われるゲームですね。これは会社の組織を動かすことに通じます。どの駒をどう動かすと相手はどの駒でどう出てくるのか。どのようにフォーメーションを変えたら守りやすく、攻めやすくなるか。すべての駒は、それぞれ一つで力を発揮するというよりは、お互いに結びついています。かならず何かしらの弱点があるので、単独では動きに限界があります。この点も人間や会社組織と似ています。その人の長所をうまく生かしながら弱点の部分を組織全体のなかで補う。時には駒を犠牲にして相手方の大物を取るという選択肢もあります。一つひとつの決断が非常に大事で、適材適所と言うは易しですが、どのような動きをする人が組織にどのくらいいるのかを考えながら、もっともよいフォーメーションを組み、駒を大事に育てていく、そういう考え方を学ぶことができる「遊び」が将棋です。相手から奪った駒を後で利用できるというところも面白い要素ですね。無駄でアンバランスな組織を避け、景気やお客様の要望を先読みするようにして、次の一手を決めます。様々な状況を想定して備えておけば、リスクも回避することができます。組織作りのトレーニングとして、私も腕を磨いています。

経営の感性は遊びのなかから3——マージャン

手の内を明かし合う将棋と違って、マージャンはひたすら自分の手の内を隠し、相手の手を読む「遊び」です。相手の捨てハイをみながらその打ち方を観察し、想像しながら待つ。自分の手からこのハイを切ればテンパることができるが、その捨てハイで誰かがあがってしまうかもしれない。切るべきか、我慢するべきか。企業の海外展開において、時流と状況を読みつつ進退を定める際には重要な判断能力です。皆がこぞって勢いに任せてのっているから、大丈夫だろうと安易に動けば、大損してしまうこともあります。反対に、自分がノリに乗っている時には、色気を出して高い手を狙いにいかずに、小さくても上がり癖、勝ち癖をつけることも大事です。これは前章でお話した従業員教育にも通じることです。大きな成功よりも、まずは小さな成功体験を積み重ねることで、人は学び伸びていくのです。成功体験は心地よく、喜ばしいものであり、それを感じたいからこそもうちょっとがんばろう、と思いうのが人情です。総じて、商売の流れを見定め、それを掴み、逃げていく流れは無理して追いかけない、というバランス感覚がマージャンに勝つ秘訣なのだと思います。事業を新しく興し、初めはうまく儲かっているとしても、その安定した儲けがこれから先もずっと続いていくだろうと安心してしまっては絶対だめです。常に流れは変わるのですから。初動の際には利益を上げるため、必死に気配りや品質チェックや詳細なリサーチに労力をかけていたのに、一息ついてこのくらいでいいだろうと落ち着いてしまった時点で、利益が安定してあがっているから大丈夫だろうと思った時点で、周りの変化についていけなくなります。

世の中には赤字になっても、せっかく会社をつくったのだからと粘り過ぎてしまい、失敗するケースがあります。海外進出でいえば、進出先での赤字を補填しようと日本の本社から資金をつぎこんだ結果、つぶれる会社が多いのと似ています。ビジネスにおいて重要な要素のひとつとして、引き際があります。マージャンをやっていると、そういう感性も養えるのではないでしょうか。おかしいな、と思ったらそれ以上やっちゃいけない。大きく伸ばす上でも、ストップをかける上でも、マージャンの感性は役に立つように思います。

引き際という点では、中国進出のことが思い出されます。大手電機メーカーが携帯電話のビジネスで南京に01年に進出した時のことです。当社にも「一緒に出ないか」という誘いがあったので行ってみたら、現地に日系企業がほとんどいないわけです。それなりにその大手電機メーカーからの仕事はあったものの、それだけでは現地の投資を回収することはできない状況でした。しかも、テレビを付けてみると国営放送で第二次世界大戦の日本軍侵攻の映像がずっと流れているようなタイミングでもあり、これではうまくいかないと直感しました。そこで、南京での案件は見送り、その後も中国に関しては積極的な投資を避けました。

梱包材のトレンド予測

このような、「遊び」のなかで養われる経営の感性は、市場や業界の将来を見据える上でとても役に立ちます。逆にいえば、それがなければ時流に乗り遅れ、企業として継続的に発展していくことはできなくなってしまうのです。梱包業界を例にとって、商品や市場のトレンドを読む作業についてみていきましょう。まず、予測のための材料とは何か。それは実は日常生活の中のニュースや会話の中にいくらでも転がっています。

たとえば「クラウドが日本においても普及してきた」というニュースを聞いて、どのように人々の生活が変わるか、と予測してみるわけです。すると、個人がわざわざ大量の情報をパソコンに入れる必要がなくなるのだから、パソコンに大容量のハードディスクを搭載する必要がなくなり、さらに軽量化に拍車がかかるのではないかといった仮説を立てることができます。そして、次にその仮説を自分の仕事に照らし合わせてみるのです。私の場合は梱包材メーカーですから、そうなるとパソコンなどのサイズがいま以上に小さく、薄くなり、梱包材のサイズダウンが求められてくるのではないか、と考えられます。あとはこの仮説に基づいて、商品企画に励んでいけばいいのです。

過去の例でいいますと、1998年から99年くらいの間に急速にデジタルカメラが流行したことがありました。そこで、私はこのカメラで美しい動画も撮影できればさぞかし便利だなと想像し、将来的には信じられないくらいコンパクトなビデオカメラが普及するのではないかという仮説を立てました。そうなると、今度はそのビデオカメラに使用するＩＣ部品がより繊細になり、かつ増えていくので、従来よりも頑丈な緩衝材が必要になると考え、開発や調査を進めていきました。

もちろん、あくまで自身の仮説を基にするわけですから、なかにはまったく見当はずれのものも出てきます。でも、それでいいのです。とにかく社会の動きを捉えながら、顧客のニーズを先回りするように心掛けておけば、少なくとも顧客は「自分たちのために必死に考えてくれているな」と思いますし、いつかはそのアイデアが「驚きと感動」に繋がる日が訪れるはずです。

常に先を見据える――シミュレーションの試み

当社では、商品や市場のトレンドを予測しつつ、業界の将来を見据えた技術開発にも力を入れています。開発力や設計力の進化のためには、数多くのシミュレーションを繰り返さなければなりません。特に最近では、サンプルを実際に使用するのではなく、パソコン上で実際にサンプルを落下させた時にどの程度の応力がどうかかるのかといったことまで、シミュレーションできるようになってきました。この急速なシミュレーション技術の発展により、開発の現場は大きく変わりつつあります。以前は実際にサンプルをつくらなければならなかったような案件でも、サンプルが必要でなくなり、コストと時間を圧縮できるようになってきたのです。

そこで、当社でもさっそくシミュレーションソフトを導入し、その機能をあらゆる角度から試しています。シミュレーションと実試験を比較し、どの程度の誤差が生じるのかも調べているのですが、およそ8割くらいは実試験の結果とほぼ同じになっているように感じています。

しかし、肝心なのはこのシミュレーションがどこまで詳細なデータを出すことができるかです。単に機械に頼っているだけではダメなのです。ここでもまた、釣りにおいて水面下を想像する能力、さまざまな状況を想定した上で最善手を導き出す将棋やマージャンでの能力などが必要になります。

たとえば、昨今のシミュレーション技術では落下の衝撃の度合いなどに関する詳細なデータを割り出すことができますが、その数字の裏にあるマイクロ秒間の情景を思い浮かべることが大事です。データを蓄積していくことで想像力を可視化し、より詳細なシミュレーション結果を出すことで、それによって開発スピードは上がっていくのです。おかげで、最近では容器がある種の衝撃を受けた際に、それによってどのように形が変わるのか、梱包材の中で商品がどのように傾くのかといったことまで割り出せるようになってきました。これは大きな進歩です。

さらに現在当社が取り組んでいるのは、パソコン画面上のシミュレーションと、高精細カメラで撮影した超スローモーション動画とをオーバーラップさせる実験です。双方を比較してフィードバックを繰り返すことで、実測値と理論値の差を修正し、シミュレーションの精度をドンドン上げていくのです。

業界の将来を見据えた経営感覚

このシミュレーション技術は、正直言って現在の梱包業界に欠かせないものというわけではありません。従来通り、何度も実験を繰り返し、結論を出すという手法を続けることもできますし、急いでいま進めなくても、ビジネスを続けていくことはできます。

しかし、いま必要な目先の業務だけに力を注ぐ企業と、業界の将来を見据えて新たな地平を切り拓いていける企業とでは、長い目でみた場合、成長の度合いがまったく違ってきます。いまや誰もが使っている自動車や携帯電話だって、もともとは誰もそれらを知らない時代において、「このようなものがあったら便利だ」「こうしたらもっとよくなるのではないか」という想像力から開発が始まりました。商品や市場のトレンドや時流を予測し、周囲に先駆けて新たな技術を開発すれば、競合他社を大きく引き離し、差別化を図ることができます。経営者には、まさにそのような先見性と持続力が常に求められます。そして企業価値は、経営者の器で決まるのです。

しかし、いくら経営者が先見性と持続力を持っていても、社員たちがついてこなければ意味がありません。だからこそ、3章で述べたように、社員に対しても、社会に対しても「驚きと感動」を与え続けるという気概を持つことです。そうすることで、自然と社員たちも「驚きと感動」を目指し、自分たちなりに努力を続けてくれるようになるはずです。そして、経営者と社員が一緒になって「驚きと感動」を創出するために奮闘すれば、「どんな会社だってオンリーワンの価値を持つことができるはずだ」と私は信じています。

あとがき

これからの中小企業の課題は、「いかにオンリーワンの価値を生み出せるか」ということだと思います。会社の規模の大小は重要ではありません。問われるのは会社のコアとなる人材と能力であり、それらを駆使して専門分野における一流を目指すことが大事なのです。そういう意味では、当社は特定の素材や生産設備に縛られることなく、あらゆる素材の特性を網羅するとともに、設計のノウハウを培ってきたことで、国内での業務拡大はもちろん、海外進出においても他社に先んじることができました。また、ＣＳＲやＢＣＰ、各種認証や特許の取得などをシッカリ行っていくことも、中小企業の持続的成長にとっては非常に重要です。それらは大企業であれば当然のように行っていることですが、中小企業においては「うちは規模が小さいからそこまでやらなくてもよいだろう」と怠ってしまいがちです。しかし当社は、クリーンな作業環境の整備やマングローブ植林活動、海外進出先でのボランティアや慈善活動などを通して、環境改善・社会貢献のみならず、現地と本社の従業員や私自身に「驚きと感動」を与える体験を積み重ねてきました。その結果、梱包業界随一のエクセレントカンパニーとして大企業と対等な立場での取引を実践できていると自負しています。

こうした当社の業務を支えてきたのは、いうまでもなく〝人〟です。そして従業員一人ひとりの心に触れ、「驚きと感動」を生み、潜在能力を最大限引き出すのが我々経営者の役割なのです。常に限界に挑戦し続け、感謝と痛みのわかる感動経営を心がけています。

今後も、コア技術である緩衝梱包材の開発力・設計力を進化させるとともに、環境改善への取り組みをさらに強化していきたいと思います。

金坂良一 かねさか・よしかず

カネパッケージ株式会社
代表取締役社長

1959年岡山県生まれ。中国山地の山の中で育ち、「兼高かおる世界の旅」を見て、海外を夢見る。82年明治大学政治経済学部卒業。87年、27歳で単身、米国オハイオ州で子会社立ち上げを経験。97年カネパッケージに中途入社。フィリピン社の本格立ち上げと経営立て直しに奔走した後、海外事業の責任者として、中国、香港、ベトナム、タイ、インドネシアと事業を拡大。2007年、日本本社の社長に就任。

グローバル環境賞、経営者環境力大賞、ecoアワード2012優秀賞、勇気ある経営者大賞優秀賞、TAMAブランド企業大賞、環境大臣賞国際貢献部門、日本フィランソロピー大賞、地球環境大賞など多くの受賞歴を持つ。現在、カネパッケージグループは13社、全従業員約1100名。

スモールエクセレントカンパニー

「驚きと感動」を生む梱包業界のニッチトップ

2015年8月31日 初版第一刷発行

2019年7月31日　　第二刷発行

著 金坂良一

発行者 古川 猛

発行所 東方通信社

発売 ティ・エー・シー企画

〒101-0054

東京都千代田区神田錦町1-14-4

東方通信社ビル四階

電話 03-3518-8844

FAX 03-3518-8845

http://www.tohopress.com/

装幀 吉村雄大

印刷・製本 シナノ印刷